LUKAS
HAFFERT
QUYNH
TRAN
SIMON
STRAUSS
LEANDER
STEINKOPF

KATHARINA HERRMANN, Lehrerin und Bloggerin, liest Romane, weil sie mit der Realität nichts zu tun haben will. Darüber schreibt sie dann das Internet voll.

NOEMI SCHNEIDER, Filmemacherin, Erzählerin und Essayistin, glaubt an das Fernsehen, weil es «Homeland» erschaffen hat. Sie hat ein Sky Super Sport Ticket und träumt von Paul Newman.

DANIEL GERHARDT, Popkritiker und freier Journalist, hört Musik und schreibt über sie, weil ihm keine schönere Form der Zeitverschwendung einfällt. Seine Lieblingsband sind «The Walkmen» aus New York.

ANNEKATHRIN KOHOUT, Zeitschriftenredakteurin, Kulturwissenschaftlerin und Bloggerin, verbringt den Tag mit Scrollen, Skippen und Screenshotten, weil sie der vielen Formen zeitgenössischer Kunst überdrüssig ist. Das Ergebnis lässt sich auf ihrem Blog begutachten.

LUKAS HAFFERT, Ökonom und Politikwissenschaftler, brennt für die Politik, weil man unendlich über sie streiten kann. Er war zweimal Chefjuror der deutschen Debattiermeisterschaft.

QUYNH TRAN, Philosophin und freie Autorin, empfindet Freude an der Mode als Ausdrucksform, weil sie die deutsche Oberflächenneurose noch rechtzeitig überwunden hat. Sie blickt mal amüsiert, mal verärgert auf den deutschen Stil.

SIMON STRAUSS, Feuilletonredakteur und Buchautor, geht ins Theater, weil dort viel auf dem Spiel steht. Er schreibt, redet und träumt von Europa als sinnlicher Größe.

LEANDER STEINKOPF, Erzähler und Essayist, schreibt über die Leberwurst, weil sie viel über die Psychologie der Deutschen verrät. Er mag den kräftigen Einwegbecherkaffee an Sofioter Kiosken, den Würstlstand vor der Wiener Oper und den Frittierfettdunst im Berliner Arirang.

C·H·Beck
PAPERBACK

Bei einem Ausflug an die Isar fassen vier Frauen und vier Männer einen Entschluss: Wir müssen die Kulturnation Deutschland auf den Prüfstand stellen! Sie sind Experten für Mode, Literatur und Kunst, für Theater, Essen und Musik, für die Politik, für Film und Fernsehen. Sie sind die unabhängigen Geister, die hierzulande so dringend gebraucht werden – und so selten geachtet. Herausgekommen ist eine genauso unterhaltsame wie kontroverse Gegenwartsdiagnose, die es so noch nicht gegeben hat.

Steinkopf, Tran, Strauß, Herrmann,
Haffert, Kohout, Gerhardt, Schneider

KEIN
ANGRIFF DER ACHT
SCHÖNER
AUF DIE DEUTSCHE
LAND
GEGENWART

C.H.BECK

Inhalt

An der Isar 7

ESSEN 11

MODE 35

THEATER 63

LITERATUR 95

POLITIK 121

KUNST 147

POPMUSIK 175

FILM UND FERNSEHEN 205

Am Savignyplatz 233

An der Isar

Über Münchens festlichen Plätzen und weißen Säulentempeln, über den antikisierenden Monumenten und Barockkirchen, den Springbrunnen, Palästen und Gartenanlagen spannte sich strahlend ein Himmel von blauer Seide. Die breiten und lichten, umgrünten und wohlberechneten Perspektiven der Stadt lagen im Sonnenlicht des ersten, schönen Junitages. Und am Kiosk nahe der Reichenbachbrücke, oberhalb des kalten, klaren Wassers der Isar, kamen acht Leute aus verschiedenen Richtungen zusammen.

Aus ihrem Büro im altehrwürdigen Hauptgebäude der Ludwig-Maximilians-Universität, das ihr und anderen Theologen einen ausgezeichneten Blick auf die Kastanien des Innenhofes gestattet, war Katharina Herrmann herübergeschlendert. Sie ließ sich an der Theke ein Paulaner Radler geben und war ganz in Gedanken an irgendwelche Theorien, die sie nicht verstand, als sie sich zu den anderen gesellte. Doch dann kam ein Hund bellend auf sie zugerannt, der Mittelschnauzer eines Freundes, wie sie später sagte, nur war das Herrchen weit und breit nicht zu sehen. Der Hund sprang an ihr hoch, und sie tätschelte seinen Kopf, klopfte auf seine Flanken und sagte: «Ja, fein, Lukács! Hast Du gut gemacht, Lukács!»

Quynh Tran hatte wenige Stunden zuvor noch eine Textilfabrik nahe Florenz besucht, wo von Leder bis Seide alles verarbeitet wurde, was der Luxus so braucht. Sie trug einen Plisseerock, dessen dunkelgrüne Facetten das harte Tageslicht mit Leichtigkeit brachen, kaum dass sie unter die Münchner Sonne trat. Gerade am Flughafen hatte sie noch in die Schaufenster all der Modegeschäfte geblickt. Nun schaute sie sich erstaunt um, wer diese Klamotten eigentlich kauft, denn im ach so schicken München konnte sie nichts von diesem Schick entdecken. Am Kiosk angekommen, tröstete sie sich mit einem grünen Eistee mit frischen Erdbeeren und war sogleich erleichtert. München leuchtete, ihr Rock funkelte, die Eiswürfel im Glas glitzerten, es gab wieder Grund zu strahlen.

Simon Strauß kam von einem Europa-Treffen in Amsterdam – es waren schwierige Zeiten. Doch als er die Isar hinaufschaute und das Münchner Alpenpanorama erblickte, schüttelte er die Probleme des Kontinents mit einem Lächeln von seinen Schultern. Er löste seinen Kragenknopf und noch einen weiteren. Der dritte sprang ganz von selbst auf, wie es ihm ständig passiert. Ja, wie immer war sein Hemd einen Knopf zu weit geöffnet. Er holte sich einen Almdudler von der Theke und nahm einen großen Schluck aus der Flasche, als er zu den anderen trat.

Annekathrin Kohout war aus der Leipziger Schillerlaube aufgebrochen, einem ehemaligen Ausflugslokal, in dem sie wohnt. Und wie könnte man die solide gebaute Leichtigkeit, mit der sie die Welt betrachtet, besser ausdrücken als durch einen dauerhaften Wohnsitz an einem Ort, den man früher nur fürs Freizeitvergnügen besuchte? In der Warteschlange vor dem Kiosk holte sie ihr iPhoneX hervor, auf dessen Rückseite sie einen Krokodil-Sticker geklebt hatte, und als sie schließlich an der Reihe war, ließ sie sich eine Coca-Cola mit Eis und Zitrone geben.

Leander Steinkopf schüttelte noch immer seinen Kopf über diesen

Weinladen, der irgendwie auch ein Buchladen ist, wo sie die Bücher nur nach den Covern auswählen und den Wein nur nach den Etiketten. Er grantelte über alles und jeden, wie er es in der verhassten Stadt gelernt hat. In der Warteschlange vorm Kiosk rückte er seinen Strohhut zurecht, denn die Sonne schien stark an diesem Tag. Dann klagte er dem Kioskwirt, wie furchtbar stockfleckig das hiesige Augustiner schmecke, und nahm sich ein Jever Fun.

Daniel Gerhardt hatte am Morgen noch seinen Sohn zur Kita in Kreuzberg gebracht, dann war er in nur fünfeinhalb Stunden mit dem Vier-Stunden-ICE-Sprinter nach München gekommen. Er besaß eine Reservierung für die zweite Klasse, aber wie immer hatte er zunächst die erste durchschritten, um sich eine Süddeutsche Zeitung zu klauen, die er dann aber ungelesen mit sich herumschleppte, weil er auf der Fahrt lieber Sport-Podcasts hörte. Er hatte noch den Pappbecher vom Bahnhofscappuccino in der Hand, als er den Kiosk erreichte. Er ließ sich einen Flat White hineinfüllen, denn wie immer hatte er seinen Mehrwegbecher zu Hause vergessen.

Noemi Schneider kam aus der Mittagsvorstellung des Filmmuseums, hatte sich mal wieder «Abschied von gestern» von Alexander Kluge angeschaut. An der renaturierten Isar angelangt, holte sie sich von der Kiosktheke einen doppelten Espresso, schwarz, keine Milch, kein Zucker, und zündete sich dazu eine blaue Gauloise an. Doch sah sie überhaupt das Blau der Schachtel? Schließlich waren die Gläser ihrer großen Yves-Saint-Laurent-Brille so dunkel getönt, dass sie den bunten Frühsommertag wie einen düsteren Schwarzweißfilm betrachtete.

Lukas Haffert flog direkt von seinem Forschungsaufenthalt an der amerikanischen Ostküste ein. Am Hauptbahnhof hatte er ausgerechnet die Nostalgie-Tram erwischt, und nun stand er, seinen Wan-

derrucksack über einer Schulter hängend, auf dem Trittbrett und genoss das selbstgewisse Granteln der Münchner, wo er sich drüben doch ein Jahr lang die Ratlosigkeit über Trump hatte anhören müssen. In voller Fahrt sprang er vom Trittbrett ab, holte sich ein Augustiner von der Theke und trat in die Runde. Und als er in Daniels Gesäßtasche die Süddeutsche Zeitung stecken sah, fischte er sich mit geübtem Griff den Sportteil heraus, sodass Daniel es gar nicht merkte.

So waren alle Acht angekommen, durften sich komplett fühlen, auch wenn sie sich kaum erst kannten. Im Laufe des Nachmittags, des Abends wurde offenbar, dass sie sich in Nichts einigen würden, außer darin, dass ein jeder etwas beizutragen hatte, den eigenen Wunsch, den eigenen Schmerz, den eigenen Blick. Und sie dachten sich, alle sollen das Beste tun aus ihrer Perspektive, alle sollen das Beste tun auf ihrem jeweiligen Gebiet. Dann legen wir zusammen für das große Ganze und haben so die Gegenwart erschöpfend erfasst. Sie stießen darauf an – und die Sache war beschlossen. Vogelgesang setzte ein und heimlicher Jubel über den Gassen.

ESSEN

Die Welt in Grund und Boden genießen

Leander Steinkopf

Laugenstangen mit schalem Schnittlauchschmand, dazu Aufbackblätterteigteilchen und ein Industrieprosecco, sanft und blumig, der Limonade näher als dem Wein. Die Blätterteigteilchen kleben an den untergelegten Papierservietten, sodass man zu jedem Schneckchen und Röllchen noch eine Schicht chlorfrei gebleichten Zellstoffs hinzubekommt. Zur Buchvorstellung mit Frühstück war geladen worden, und offensichtlich schämen sich die Veranstalter nicht, dies hier tatsächlich Frühstück zu nennen. Dabei hatte sie niemand gezwungen, auch eine Mahlzeit anzukündigen. Glücklich, wer die Nahrungsaufnahme schon erledigt hat, bevor er hier erscheint. Und trotz der Würdelosigkeit dieser auf drei Cocktailtischen ausgebreiteten Gastlichkeitssimulation beäugen die Buffetbeauftragten die hungrigen Blicke der Gäste misstrauisch, ob nicht jemand vielleicht doch mit größerem Interesse für das angekündigte Essen gekommen ist als für die angekündigte Literatur. Und die Gäste, mit ihrer unüberwindbaren Lust auf alles Kostenlose und Inklusive, nehmen sich trotz der schlechten Erfahrung des ersten Stücks gleich noch ein zweites und sind wild entschlossen, nichts von diesem Backwarenblödsinn anbrennen zu lassen. Sie spülen die Blätterteigkrümel mit der Prickelplörre runter, nicht aus Hunger, Durst oder Lust, sondern einzig aus Trotz.

Billigsekt und Gratisgier

Man findet billigen Perlwein auch auf den Erfolgsfeiern renommierter Verlage und auf den Preisverleihungen von Literaturstiftungen, also dort, wo man halbtags damit beschäftigt ist, Niveau und kulturellen Wert für sich zu reklamieren. Als kürzlich ein Münchner Verlag einen der größten Erfolge der Firmengeschichte feiern durfte, lud die Verlagsleitung die Belegschaft zum Umtrunk während der Arbeitszeit. Champagnerstimmung. Man feierte sich selbst, die Perlen und das Gläserklingen als Selbstbestätigung, die Einladung der Verlagsleitung als kleine Großzügigkeit den Mitarbeitern gegenüber. Die Würde der Veranstaltung verlangte natürlich nach einem passenden Schaumwein. Es war der «MM Extra», der diese Woche bei Penny für € 1,99 im Angebot ist. So eine Brühe schüttet man in München sonst nicht mal in einen Aperol Spritz, dieser Stoff wird vergoren für den sicheren Kater sechzehnjähriger Samstagstrinkerinnen. Sollte sich eine Erfolgsfeier nicht von einer Körperstrafe unterscheiden? Nein, man ist schmerzfrei, bei Champagnerstimmung lässt man Plastikkorken knallen. Wohlwollende würden sagen, dass der Billigsekt eine Botschaft der Bodenständigkeit sei. Aber dann hätte man schließlich einen Kasten

Augustiner kaufen können. Ganz hervorragend ist auch das Münchner Leitungswasser.

Knallende Plastikkorken braucht man nur zum Feiern. Für Sektempfänge reicht auch der stumme Schraubverschluss, der zudem einen entscheidenden Vorteil hat: Während der Verleihung einiger der wichtigsten Preise des deutschen Literaturbetriebs kann eine Assistentin im selben Raum die Gläser für danach füllen, ohne die Zeremonie zu stören. Nur ein leises Zischen ist manchmal zu vernehmen, von dem Schulterklopfen auf der Bühne verlässlich übertönt. Ausgeschenkt wird hier der «Prosecco frizzante» der Handelsmarke «Mario Collina», der bei Aldi Süd für € 2,69 erhältlich ist. Er ist bestens geeignet für perlweinbasierte Mischgetränke mit deckstarkem Sirupanteil. Unter Zuhilfenahme eines in den letzten Jahren populären penetranten Bio-Ingwersirups kann man daraus etwa ein Getränk mischen, das perlt und nach Ingwer schmeckt, also insgesamt verzichtbar ist. Hier wird dieser Perlwein natürlich pur ausgeschenkt, aber findet gierige Abnehmer, ist er doch feuchter als die trockenen Reden zuvor. Der Verlauf des Abends ermöglicht eine Deutung der Getränkewahl. Er wird dominiert von abtrittsverweigernden Alt-68ern, die mit ihrer gepflegten Ablehnung aller Umgangsformen der Veranstaltung ihre Formlosigkeit geben. Das übliche Renteneintrittsalter ist keine Hürde für solch Berufene; dass es Menschen nach ihnen gibt, die nach oben streben, ficht sie ebenso wenig an wie die Tatsache, dass es Menschen um sie gibt, die ebenfalls Bedürfnisse haben. Ihre Selbstbezüglichkeit ist ein antifragiles System, das jegliche Stöße von außen in ein noch stabileres Rotieren um sich selbst umsetzen kann. Und die Gäste trinken ihren Prosecco, selbst ich habe einen Schluck davon genommen, weil wir alle zuweilen eine Schwäche in uns haben, die man Empathie, Zurückhaltung oder Höflichkeit nennt, und die es gerade den schlimmsten Altlasten dieser größenwahnsinnigen Generation erlaubt, die klaren Sinne der jüngeren Menschen weiterhin mit ihrer billigen Brühe zu verkleben. Dies müssen wir schlucken, wenn wir überhaupt etwas haben wollen. Ja, wir trinken diese billige Brühe. Unsere Erleichterungen sind es, die wir am härtesten büßen müssen.

Doch es gibt sie noch, die guten Buffets, denen man keinen Geiz anmerkt, selbst im sogenannten literarischen Leben. Nur locken diese die Gier der Gäste umso erschreckender hervor: Der Firnis der Zivilisation reißt, als würde im Supermarkt eine zweite Kasse geöffnet. Völlig unbedeutende Veranstaltungen im Literarischen Colloquium Berlin oder im Literaturhaus München sind bis auf den letzten Platz besetzt, einzig weil die Buffetpläne öffentlich wurden. Man muss davon ausgehen, dass Leute, die sich stundenlangen Literaturzeremonien aussetzen, um hinterher kostenlos zu essen, auch der sogenannten Kultur ein Stück weit zugeneigt sind. Folglich muss man zwischen ihrer Selbstbedienungsmentalität und ihrem Kunstinteresse eine Verbindung ziehen. Kultiviertheit ist mit Würdelosigkeit vereinbar. Wie sie schieben und rennen, in jede Lücke springen und sich keines Vorwands zu schade sind, um in der Warteschlange einen Platz gut zu machen. Wie sie lächelnd sich dazwischendrängen, dabei glauben, die anderen Menschen seien mit der gleichen Leichtigkeit betrogen, mit der sie sich selbst betrügen. Wie zivilisiert sind hingegen die Schlangen vor den Münchner Tafeln, wo nicht die mit Distinktionsbedürfnis anstehen, sondern jene mit Bedürftigkeitsnachweis. Es ist also kein Unterschichtenphänomen, sondern ganz im Gegenteil eines der gehobenen Mittelschicht. Vor Jahren berichtete mir eine Freundin davon, wie sie im politischen Brüssel in einer Buffetschlange stand und der damalige Bundestagspräsident sich vor sie drängelte, wohl müde und hungrig vom tagtäglichen Pochen auf respektvollen Umgang. Die Deutschen trieb schon immer die Lust an der unverschämten Bereicherung, egal ob sie sich dereinst in den Geschäften mit den kaputten Scheiben bedienten oder heute beim All-You-Can-Eat dem Gastwirt die Gewinnmarge kleinfressen. So erlebt man an deutschen Buffets entweder den Geiz des Gastgebers oder die Gier der Gäste, in jedem Fall aber den Mangel an Achtung des Anderen, an gegenseitigem Respekt. Und hinter diesem fehlenden Respekt für den Mitmenschen steckt oft ein Mangel an Selbstachtung, wie man ihn an jedem Werktag um die Mittagszeit beobachten kann.

Selbstbedienung und Selbstverachtung

Das euphemistisch «Parkstadt Schwabing» benannte neue Münchner Wohn- und Gewerbegebiet nördlich des eigentlichen Schwabings, westlich der A9 und kurz bevor die Stadt nach Norden ausfranst, ist von der gleichen architektonischen Unmenschlichkeit geprägt wie so ziemlich alles, was in Deutschland neu gebaut wird. Das Wohngebiet besteht aus gereihten Lagerhäusern zur Verwahrung der unproduktiven Hälfte des Lebens, von jeder Möglichkeit zur Begegnung befreit. Neben der totalen Isolation der Gebäude scheint auch die totale Isolation der Menschen Maxime zu sein, weder physikalischer Wärmeaustausch soll stattfinden noch der Austausch menschlicher Wärme. Kneipen und Cafés hält man auf Distanz, sind sie doch bloß Egelgruben, die Produktivität absaugen, indem sie zum Verträumen laden, zum Versacken verführen oder schlicht die Nachtruhe stören. Im selben Geist ist das angrenzende Gewerbegebiet gestaltet, wo etwa Fujitsu, Osram und Amazon heimisch sind, nur fällt es naturgemäß weniger auf, dass es dieser Arbeitszone an Lebenswert mangelt. Man merkt es erst in der Mittagspause.

In diesem Gewerbegebiet gibt es nämlich einen Geschäftskomplex, die übliche Kombination aus Supermarkt, Discounter und Drogeriemarkt, aus Bäckerladen, Kettenmetzger und Asia-Imbiss. Woanders würde sich dieser Komplex zur Mittagszeit leeren, hier aber füllt er sich. Es sind die jüngeren Angestellten mit den befristeten Verträgen, die jede unbezahlte Überstunde gerne machen für das Land, in dem wir gut und gerne leben, und sich hier ihr Mittagessen holen. Strammen Schritts legen sie die Strecke vom Bürohaus hierher zurück, zwei bis fünf Kollegen nebeneinander aufgereiht, ins Gespräch über Firmendinge vertieft. Das Gespräch reißt nicht ab, wenn sie sich an der langen Salattheke des Supermarktes eine Kunststoffschale füllen, wenn sie sich aus der Kühltheke, hinter der ein eigens angestellter Supermarkt-Sushi-Koch frische Rollen zu Häppchen schneidet, eine Plastikpackung Sushi nehmen, es reißt auch nicht ab, wenn sie an der Metzgertheke auf in Alufolie geschlagene Leberkässemmeln warten. Die Frage der Metzgerin nach süßem oder mittelscharfem Senf platzt in das Gespräch wie eine verfrühte Putzfrau in den Konferenzsaal. Erst in einer der

Kassenschlangen, die zu dieser Zeit bis weit zwischen die Regale reichen, bestehend aus fünfzig dieser Kollegengrüppchen, verstummen sie im Ärger über die Zeit, die man hier ans Warten verschwendet. Doch kaum den Kassenzettel in der Hand, nehmen sie das Arbeitsgespräch wieder auf, das sie in raschen Schritten zurück an ihren Schreibtisch führt, wo sie ihr Mittagessen vor dem Computermonitor verzehren. So schwimmen sie mit im Strom der Massen. Ganz selbstverständlich achten sie die Arbeit höher als sich selbst, gönnen sich die Pause nur, insofern sie dem Dienstherren dienlich ist. Man sieht sich als Maschine, die eine Tankfüllung braucht, nicht als Seele, die Muße fordert.

Diese Verachtung der eigenen menschlichen Natur bemerkt man auch an den Ernährungsmythen, mit denen die Deutschen sich selbst betrügen. Mal ist es die mediterrane Kost, von der man sich Gesundheit verspricht, genauer gesagt das Olivenöl. Dann neidet man den Franzosen ihre Langlebigkeit und hat die Ursache dafür im Rotwein gefunden, genauer gesagt in dessen Phenolen. Schließlich saugt man begierig die Studien auf, nach denen Kaffee Kreislauferkrankungen und Hirnverkalkung vorbeugen soll. Auch für Tee findet man solche Studien. Olivenöl, Rotwein und Kaffee braucht es demzufolge für das lange und gesunde Leben. Man behandelt diese Genussmittel wie Zusatzstoffe im Motoröl. So nehmen die Deutschen lieber Fischölkapseln ein als Fisch zu essen, lösen lieber Vitamin-C-Tabletten auf als Orangen zu schälen und mögen lieber Eisenpräparate als Leberpastete. Die anderen haben die Kochkunst, wir haben die Ernährungswissenschaft. Doch was ist, wenn all diese Forschungsergebnisse im deutschen Raum nicht gelten? Womöglich ist es gar nicht das Olivenöl, das den Kreislauf schützt, sondern das ausgiebige Mittagessen, gesellig und gemütlich, das eine Insel der Ruhe schafft in der tagtäglichen Hatz. Vielleicht sind es nicht die Phenole im Rotwein, die den Infarkt verhindern, sondern das soziale Drumherum, die Familie und die Freunde, mit denen man ihn trinkt. Vielleicht ist es nicht das Koffein im Kaffee, das vor Alzheimer schützt, sondern die paar Minuten Muße, der Auslauf für die Gedanken, der sie vor Trägheit bewahrt. Dann ist natürlich alle Wirkung dahin, wenn man den Salat mit Olivenöl vorm Computerbildschirm isst, den Rotwein auf der Couch zum Tatort trinkt, den Kaffee im Laufschritt aus dem Becher schlürft zwischen zwei Terminen. Es braucht dann kein Superfood, sondern Respekt vor der eigenen Menschlichkeit. Es ist ein Mangel an Selbstachtung, den eigenen Bedürfnissen keine Aufmerksamkeit zu schenken. Wenn sich der Deutsche etwas gönnt, dann ist es die Detox-Woche nach dem Oktoberfest, so wie man in der Waschanlage dem Auto mal die Intensivpflege spendiert. Essen ist auch ein soziales Bedürfnis, und tatsächlich haben die dafür vorgesehenen Institutionen ja einmal existiert. Doch der Stammtisch und das Kaffeekränzchen, diese Versammlungen und Verlangsamungen sind fast verschwunden, ihr Muff ist hinweggefegt, eingetauscht gegen ein flott gelogenes «Lass uns bald was machen» im Vorbeigehen und den Selbstbetrug des «noch schnell eine Kleinigkeit essen» in einem unbewusst durchhetzten Tag. Mit dem Muff trieb man die Menschlichkeit aus, wie es sich heute auch in Ressentiment und Häme gegen den Mettigel zeigt. Der Klumpen gesalzenen Schweinehacks, mit Zwiebelstücken zum Stacheltier gespickt, ist ein größerer Akt der Menschenfreundlichkeit auf dem Abendbuffet als etwa ein Couscoussalat. Der Mettigel, das ist nicht einfach Mett, das ist Mett mit ästhetischem Wollen, Mett mit Mühe, Mett als Hinwendung an die Gäste. Einen Mettigel macht man nicht für sich allein. Einen Couscoussalat hingegen schon.

Dabei fällt den Deutschen sehr wohl auf, dass sie sich dem Genuss verweigern, doch erscheint es ihnen nicht als Sünde an der Sorge um das Selbst, sondern als peinliche Abweichung von den internationalen Normen der Lebensart. Genuss ist ihnen nicht Entspannung und individuelle Freiheit, sondern Strammstehen zum Appell, eine Wettbewerbsdisziplin, die Perfektion verlangt. Man bemerkt es an Hoffnung und Fall der deutschen Kaffeekultur. Der allgegenwärtige Filterkaffee war überwunden, es schien besser zu werden, doch unter dem frisch verbreiteten Milchschaum tat sich nur das altbekannte Schisma auf zwischen Hochtechnologie und Tiefenhuberei, wie es für das deutsche Denken typisch ist.

Kaffeesatzspießerei

Menschen, die sich selbst wie Vollautomaten behandeln, trinken auch am liebsten Vollautomatenkaffee. Sie lassen sich in der Büroküche einen Cappuccino raus oder bezahlen an der Kaffeebar eine andere Person dafür, den Knopf für sie zu drücken. Sodann trinken sie ein Espressomischgetränk, in dem aber überhaupt kein echter Espresso steckt, denn die Maschinen gehen verheerende Kompromisse mit der Automatisierbarkeit ein bei der Wasserpumpkraft und dem Anpressdruck des Kaffeepulvers. Wem aber das Ergebnis egal ist, der holt sich mit dem

Vollautomaten eine große Erleichterung nach Hause oder ins Café. Andererseits könnte man mit dem gleichen Argument auch auf Dosenfutter und Mikrowellenkost umsteigen. So kommt wieder das übliche Klischee über die Deutschen zum Vorschein: technisch versiert, aber stil- und geschmacklos. Sie mögen sich für Dichter und Denker halten, überall weiß man aber: Sie sind Chemiker und Ingenieure. Man kann den Vollautomaten aber auch als soziale Errungenschaft sehen. An den so angesehenen, aber rückständigen, weil manuell zu bedienenden Siebträgermaschinen hauen die studentischen Teilzeitbaristas für Mindestlohn Eisen auf Eisen, stehen ohne Gehörschutz vor dröhnenden Mühlen und arbeiten ohne Handschuhe mit brühheißem Dampf. Das klingt nicht nach urbanem Studentenjob, sondern nach der Frühphase der Industrialisierung. Deutschland zeigt sich selten so menschenfreundlich wie in seiner Verbreitung des Kaffeevollautomaten.

Natürlich ist zur Vollautomatisierung auch wieder die Gegenbewegung zu finden, wie sie in Deutschland Tradition hat. Sie liegt in der absurden Verbreitung sachlich eingerichteter Röstereicafés in den prenzlbergisierten Innenstadtvierteln, wo bierernste Baristas den erleichternden Kaffeegenuss mit Bleikugeln von Bedeutung beschweren. Jedenfalls führt sich der entwurzelte Weltbürger mit Herkunftskaffees anscheinend eine besonders heilsame Flüssigkeit zu und berauscht sich gleichzeitig an der lokalen Produktion in Kleinstmengen, der Absage an die rationalisierte Produktion, die das kontemplative Großstadtleben eigentlich erst ermöglicht. Welch eine schwerfällige Romantik ist in diesen urban verbrämten Cafés zu Hause! Sie fügt sich ein in die kiezspezifische Doppelmoral, gleichzeitig grün zu wählen und auf großem Fuß zu leben. Es ist die Fortschrittsverweigerung derer, die vom Fortschritt so selbstverständlich profitieren, dass sie ihn am weitesten von sich weisen können. Sie wollen, dass ihre Restaurants mit dem Lastenfahrrad beliefert werden, fordern Lebensmittelpreise, die nur für sie erschwinglich sind, und biologisch-dynamische Esoterik in der Landwirtschaft statt Pflanzenschutz und Kunstdünger. Am liebsten mögen sie die Ideologie, die ihnen ein gutes Gewissen bringt und den anderen die Nachteile. Und diese Ideologie soll aus dem Kaffee herauszuschmecken sein. Sie verfolgen den Bohnenursprung bis in die letzte Verästelung, um vielleicht dort ihre Heimat zu finden. Sie suchen nach dem rechten Röstgrad wie nach der Badetemperatur für ihr Neugeborenes. Sie experimentieren mit der Kaffeemischung, als wäre es ihr Homunculus, als könnten sie ihren Seelenbruder brühen. Keine halben Sachen, keine Entspannung, nur sorgsam geschlürfte, verbissene Perfektion. Wenn die Deutschen Genießer werden, dann um den Rest der Welt in Grund und Boden zu genießen.

So gibt es die üblichen Exzesse von maßloser Rationalisierung einerseits und romantischem Kult um Herkunft und Handarbeit andererseits. Im ersten Extrem wird nichtssagende Plörre ausgeschenkt, im zweiten Extrem herrscht die Diktatur des Interessanten, in der alle Aromen erwünscht sind, außer jene, die den Anschein erwecken, dass es sich um einfachen Kaffee handelt. Dabei wünscht man sich nichts anderes als einen Kaffee ohne Vollautomaten und ohne Vollidioten. Tatsächlich findet man ihn, und zwar in den italienischen Kulturvereinen der schlechteren Viertel, wo man bei Neonlicht Karten spielt und der Espresso gerade so bedeutungslos ausgeschenkt wird wie in der Kneipe gegenüber das Warsteiner. Es mag enttäuschend klingen, diese Pilsstubenpiefigkeit als Utopie für den deutschen Kaffee betrachten zu müssen. Doch sie ist die beste Absicherung gegen die übergriffige Moral und die entmenschlichende Mechanisierung, zu der alles in diesem Land tendiert. Nur ist die sichere Piefigkeit in Deutschland gefürchteter als alles andere. Man will sie abschütteln um jeden Preis.

Die schmutzigen Hände

Die beiden Kinder, die ungeschiedene Ehe, der gerade Lebenslauf, die gute Gesinnung und das ökologische Gewissen, darin liegt das gute Leben, in Ordnung und Reinheit. Doch manchmal kommen die Zweifel, ob nicht für den Schmutz das Dasein lohnt. Dieser Konflikt entflammt auch an der entzündungshemmenden Wirkung des Knoblauchs. Ebenso an Olivenöl und fettem Seefisch, an Weidemilchbutter und starken Gewürzen. Sind sie doch so dionysisch, nicht gesteift, nicht gebügelt, nicht rein wie die Klinik, wo doch alle Gesundheit liegt. Dieser Zweifel nährt die deutsche Italiensehnsucht. Zumindest für ein paar Tage im Jahr gönnt man sich die Erleichterung, dass man auch hinter verfallenden Fassaden leben kann. Aber noch wichtiger ist natürlich das Essen. In den engen Straßen der Altstadt von Genua irren nachts die Betrunkenen nach Hause und finden immer eine stille Ecke zum Urinieren. Am nächsten Tag, auf dem Weg zum Pranzo, mischen sich dann die Gerüche aus den Küchen mit dem Urin an den Fassaden und erzeugen das lockende Aroma der Ambivalenz. Hier lässt man hinter sich das Leiden am Reinen. Schmutz und Lust fallen in Eins und graben sich tief in die Erinnerung, während in der Heimat alle Erlebnisse leicht abwischbar sind.

Ohne Grenzübertritt und ohne Urin findet der Deutsche im Knoblauch dieselbe Ambivalenz: Abenteuer oder Absicherung, Wagnis oder Schuld. Bei Abendessenseinladungen werden die zwei Zehen im Zaziki entweder in draufgängerischem Tonfall ausgerufen: «Da ist ordentlich Knoblauch drin!» Oder die zaghafte Zehe im Schmortopf wird entschuldigend, warnend, pflichtschuldig angesagt: «Aber wir haben etwas Knoblauch reingemacht.» Eigentlich wird den Inhaltsstoffen des Knoblauchs ja blutdrucksenkende Wirkung zugeschrieben, die kulturelle Pelle des Knoblauchs bringt das deutsche Blut aber verlässlich in Wallung.

Knobi, Knofi, kein anderes Nahrungsmittel hat ein so geläufiges Kosewort. Geht es also bei Knobi um den Ausdruck von Vertrautheit, um Verniedlichung also, oder etwa um Verharmlosung? Alles zugleich. So wie man Sternchen einfügt oder Pieptöne, um zu verbergen, was ohnehin offensichtlich ist, so sagt man Knofi, als machte es einen Unterschied. Es ist eine verdruckste, feige Sprache, die sich hier offenbart. Wenn jemand das Wort Knofi benutzt, sollte man ihn zur Rede stellen. Ja, es gibt dieses deutsche Bedürfnis nach der Erweichung, der Verniedlichung der harten Realität. In Knobi und Knofi steckt das Anheimelnde, die Vertrautheit. Da der Knoblauch im öffentlichen Raum ein Tabu ist, taugt er zum Marker des Privaten. Der Knoblauch bindet einen an den Schiffsmast, wenn die Sirenen der sozialen Pflichten singen. Mit dem Zaziki am Abend ist die Privatheit des Folgetages entschieden, daher der süße Beigeschmack, der im Kosenamen zum Ausdruck kommt.

Man lässt den Knoblauch in die Familie und er lässt sie unter vereinter Fahne segeln. So ist Knoblauchkonsum zugleich das Zärtlichste, was man zu zweit tun kann, und das Rüdeste, was im öffentlichen Raum noch nicht strafbar ist. Ja, die Wahrheit über die Deutschen liegt in einer Knolle, aber die Kartoffel ist damit nicht gemeint.

Die eingeschliffenen Scherze der Dönermänner, die «extra Zwiebeln» sagen, wenn der Kunde «ohne Zwiebeln» bestellt hat, die einen Griff nach der Knoblauchkelle andeuten, wenn der Gast die Joghurtsauce geordert hat – für einen ehrlichen Lacher reichen sie nicht mehr, diese altbekannten Witze, aber doch für eine Sekunde blanken Terrors auf der fettfreien Seite der Glastheke, als hätte der Dönermann mit den Worten «extra Zwiebeln» eine Drohung ausgesprochen, als griffe er nicht nach der Knoblauchkelle, sondern nach dem Baseballschläger. Und manchmal, wenn kein Betrieb im Laden ist und das Fleisch am Spieß erst noch brutzeln muss, wenn die Stille mit breiten Schultern im Raum steht und mit kühlem Blick ein Gespräch erzwingt, dann klagt zuweilen der Dönermann, dass diese Deutschen keine Zwiebeln essen und keinen Knoblauch, ja was dies für ein Döner sei ohne dies beides, was für ein Leben ohne es. Und der Kunde pflichtet ihm bei, erwähnt die verspeisten Zwiebeln des letzten Monats und den Knoblauch, den er für das Samstagsessen plant, um zu betonen, dass man einander nicht völlig fremd ist. Doch eigentlich ist dieses Gespräch, genauso wie die verbrauchten Späße, ein Spiel zur Erzeugung von Andersartigkeit. Der Kunde, wie er vor Zwiebeln und Knoblauch zurückschreckt, sichert seine Identität: Zivilisiertheit statt roher Zwiebeln, Kultiviertheit statt Knoblauchsauce. So kann er dann den Dönerladen verlassen, zwar ein bisschen verkniffen, ein bisschen bieder sich fühlend, aber stets mit dem guten Gefühl, der Garant gegenseitigen Respekts zu sein, wenn auch selbst auf der überlegenen Seite. Dies bekommt man nämlich in diesen Dönerläden: Selbstgewissheit, ohne scharf, zum Mitnehmen. Und der Dönermann lächelt dem Kunden nach, belächelt ihn: noch fünf Stunden am Spieß, doch sicher kein Spießer.

Demut und Panadenmatsch

Es war ein August in Wien vor zwölf Jahren, eine Wohnheimsetage ohne Tageslicht mit dem Bodensatz von Studenten, die über den Sommer nicht ausgezogen waren. Sie hatten zwanzig Semester hinter sich, manche dreißig, und ich, der Praktikant, gerade erst mein zweites. Als sie erfuhren, wo ich herkam, wurde Deutschland sofort zum Gesprächsthema ihres Frühschoppens. Als der dienstälteste Student, ein angehender Archäologe, mit all seiner Autorität und Erfahrung zu sprechen begann, fing die Beleuchtung im Raum zu flackern an und wurde schließlich finster. Alles Reden und alle Geräusche verstummten, man hörte nur ein entferntes Brutzeln aus der Gemeinschaftsküche, wo zwei Chinesinnen in Morgenmänteln Schweinenieren brieten. Er sei auch mal in Deutschland gewesen, vor Jahren, dann niemals wieder, fing der Archäologe an. «In Deutschland», so sagte er, setzte eine dramaturgische Pause und beugte sich verschwörerisch nach vorne, «in Deutschland schütten sie Bratensoße über das Wiener Schnitzel.» Dann lehnte er sich zurück, verschränkte die Arme und schaute in die Runde. Alle Österreicher waren sprachlos, schockiert. Ich zuckte mit den Schultern und sagte: «Jägerschnitzel!» Ich verstand nicht, was falsch sein sollte an etwas, das doch lecker ist, aber sie erklärten es mir so geduldig, wie man es bei einem Piefke machen muss, der meint die Welt verstanden zu haben.

Gemeint ist natürlich das westdeutsche Jägerschnitzel, dieses kleinstädtische Wochenendvergnügen der alten BRD, nicht die unter demselben Namen firmierende panierte Jagdwurstscheibe, mit denen die Kinder in ostdeutschen Schulkantinen gequält wurden, auch wenn in dieser sicherlich nicht weniger Wahrheit liegt. Die damalige deutsche Küche zu mögen, hieß die Barbarei schätzen lernen. Da kauft man ein passendes Stück Fleisch, schneidet es zurecht und klopft es flach, wendet es erst in Mehl, dann in Ei, dann in Paniermehl, backt es aus in einer Pfanne mit reichlich Fett, braucht eine Stunde Zeit und macht eine ganze Küche schmutzig für die Erzeugung der Knusprigkeit – und der Deutsche ersäuft sie in Bratensoße mit Pilzen. Natürlich ist das Jägerschnitzel kein Einzelfall dieser Tendenz zur sinnentstellenden Erweichung. Die bodenständigeren unter den hiesigen italienischen Restaurants haben verlässlich ein sogenanntes Parmesanschnitzel auf der Karte, auch Parmigianeschnitzel oder Bologneseschnitzel wird es manchmal genannt. Ich habe eine italienische Gastrokritikerin darauf angesprochen, ob es Vergleichbares in Italien gibt, also ein paniertes Schweineschnitzel mit einer Scheibe Kochschinken darauf, sodann mit Käse überbacken und mit Hackfleisch-Tomatensauce übergossen. Manche lassen die Schinkenscheibe weg, fügte ich noch hinzu. Sie war erst erschrocken, dann ungläubig, schließlich fing sie an zu lachen. Und sie sagte mir, dass sie dies verstehen würde als eine Kombination aus Ragù alla Bolognese, Saltimbocca alla Romana und japanischem Tonkatsu. Bis zum Ura-Maki-Cordon-Bleu reichten ihre Überlegungen nicht. Jedenfalls erschien ihr die Kombination von knuspriger Panade und erweichender Sauce ebenso absurd wie dem Wiener Archäologen.

Das Jägerschnitzel ist objektiv ein falsches Essen. Die knusprige Panade in Soße zu erweichen, das ist widersinnig und pervers. So verwundert es nicht, dass es in dieser Form weitgehend abgeschafft wurde. Käme der österreichische Archäologe heute nach Deutschland, er müsste sich einen anderen Abreisegrund suchen. Die alte Fertigsoße aus dem Tetra Pak, mit all ihren Bindemitteln und Geschmacksverstärkern, wie sie nur im Gastrogroßhandel zu haben war, ist verschwunden. Heute dominiert die Rahmsoße mit frischen Champignons. Und auch das Schnitzel darunter ist nur noch selten paniert. Natürlich könnte der Österreicher weiterhin das Fleisch bemängeln: Das Wiener Schnitzel ist dünn wie ein Hauch, das deutsche dick wie ergiebiger Husten. Aber die zentrale Widersinnigkeit der ertränkten Knusprigkeit gehört der Vergangenheit an.

Die Epoche des panierten Jägerschnitzels war die Zeit, in der die Deutschen ihre Fusilli noch weich kochten statt al dente, den Camembert in Scheiben schnitten statt in Tortenstückchen und das kaltgepresste Olivenöl in der überheißen Pfanne verrauchen ließen, statt es hinterher über das Essen zu geben. Dies alles waren Verletzungen von Regeln, die in anderen Kulturen gelten, weil sie sich als hilfreich erwiesen haben. Die vielen Kohlenhydrate der Spaghetti werden langsamer aufgenommen, wenn sie nicht matschig sind. Der Camembert reift von innen nach außen, weshalb das Tortenstück ihn in seiner geschmacklichen Fülle wiedergibt, während die Scheiben immer nur einen Ausschnitt zeigen. Und wenn man das Olivenöl zu stark erhitzt, verraucht gerade jener Bestandteil, der Gesundheit und Geschmack verheißt. Diese sinnvollen Regeln wurden gebrochen, um einem barbarischen Eigensinn zu folgen, nämlich die Nudeln so lange zu kochen, wie es einem gerade passt, den Käse so aufzuschneiden, als wäre es ein Graubrot, das kaltgepresste Olivenöl zu verwenden, als handelte es sich um Biskin. Und natürlich muss auch die Jägersoße auf dem Wiener Schnitzel von einem Österreicher als kultureller Übergriff gewertet werden, so als würde man die Fassaden der Wiener Ringstraße abschlagen und deutsche Schießschartenästhetik darüber putzen. Diese Regelbrüche, diese Übergriffe auf andere Kulturen erfolgten jedoch im Privaten – und wohlgemerkt zum eigenen Schaden. Und sie hatten ihre positiven Nebeneffekte. Die kulturellen Regelbrüche entlasteten von der Prinzipientreue, die im Alltag erforderlich war, und machten diese so erst möglich – so wie Kinder in den Pausen toben müssen, damit sie im Klassenzimmer gerade sitzen. Gleichzeitig befriedigte man das Bedürfnis zu schludern und zu schlampen, das Bedürfnis nachlässig zu sein und die Regeln zu verachten, das Bedürfnis rücksichtslos eigenwillig zu sein. Heutzutage sind diese Küchensünden selten geworden. Pasta wird al dente gekocht, Camembert korrekt aufgeschnitten und das gute Olivenöl auf das fertige Essen gegeben. Und die Deutschen brüsten sich ihrer neu erlangten gastrokulturellen Finesse, glauben, dass sie nun endlich respektiert werden in der Welt, dabei hat niemand sich von Deutschland je etwas anderes gewünscht als Pünktlichkeit, Gewissenhaftigkeit, Ordnungssinn und sparsame Dieselmotoren.

Es hört jedoch nicht damit auf, dass nun allgemein gültige Regeln der Zubereitung auch in deutschen Küchen weltmännisch eingehalten werden. Noch viel mehr reicht das Prinzipielle nun in das Essen der Deutschen hinein: Tierwohl, Insektenvielfalt, Klimaneutralität und was sonst noch der Gutwerdung der Gehorsamsgermanen dienen soll. Natürlich überfordert dies die begrenzte Kapazität für Prinzipientreue, die dem Durchschnittsmenschen zur Verfügung steht. Gleichzeitig hat das Bedürfnis nach rücksichtslosem Eigenwillen nicht mehr in der Küche sein Tollhaus. Die einst auf den Teller gebannte Barbarei sucht sich andere Ventile. Wenn die Jägersoße sich nicht in die Panade saugt, wird sie etwas anderes erweichen. Sie wird nicht mehr privat von jedem Einzelnen verdaut, sie kocht über und verklebt das Land. Sie erweicht die Bahnabfahrtszeiten und die Postauslieferung, sie erweicht das Bildungssystem und das öffentlich-rechtliche Fernsehen. Sie schwappt über die Bundesgrenzen. Europa wird mit Jägersoße übergossen, ja, die ganze Welt. Alles Harte und Prinzipielle wird in ihr aufgeweicht. Der Euro-Vertrag, der Nato-Pakt, die Dublin-Regeln, alles zerbröckelt wie die Panade im Sud. Und dies ist keine neutrale Erweichung, es ist eine Erweichung nach deutschem Geschmack. Und Deutschland merkt natürlich nicht, wie übergriffig und zerstörerisch das ist. Nein, man gibt aus mit großer Kelle und ist stolz auf seine Großzügigkeit. Wäre die Jägersoße doch auf dem Teller geblieben, wo sie nur die Panade erweicht! Aber wer will schon hadern, schließlich ist man wieder wer, weiß endlich wieder etwas besser als die anderen.

Doch manchmal kommen den verbohrtesten Weltwohltätern Zweifel. Die Ideologen der besseren Viertel, wach vom Herkunftskaffee, aber müde von ihrer Doppelmoral und Verlogenheit, sehnen sich in schwachen Momenten nach einem sogenannten «ehrlichen Schnitzel». Sie sehnen sich nach einer Auszeit von der klinischen Reinheit ihrer Existenz, sie wollen ein Schnitzel, an dem all die schmutzigen Kompromisse des Lebens kleben, die man machen muss, wenn man sich nicht aus dem Alltag in die Besserwisserei zurückzieht. Dann lechzen sie nach einem Jägerschnitzel alter Machart und ordern auch ein Bitburger dazu, ein Veltins oder Radeberger. Sie nehmen einen Schluck und sehen plötzlich klar: Das Jägerschnitzel ist die Utopie. Mit einer althergebrachten synthetischen Fertigsoße übergossen, ist es eine Absage an die naturbelassene Ursuppe, in der deutsches Denken immer mit mindestens einem Fuß steht. Im Umkehrschluss ist es ein Bekenntnis zu Fortschritt und Machbarkeit und trotzt der allgegenwärtigen Katastrophenlust der German Angst. Man bestellt ein Jägerschnitzel und bekennt damit, dass Deutschland ein Land der Ingenieure und Chemiker ist, nicht der Dichter und Denker. Kein Waldpilz ist in dieser Soße zu finden, kein feuchter Forst der deutschen Träume, einzig Champignons, kultivierte Champignons, kein Aufruf an die Jugend, sondern Konservenware, kein Kruppstahl, sondern Weißblech. Und die Panade besteht natürlich aus Weißbrotbröseln, eine Absage an die Forderungen des Reichsvollkornbrotausschusses, der seinerzeit die «Vollkornbrotfrage ihrer endlichen Lösung zuführen» wollte. Und mit seinen in Raffinadefett frittierten Fritten ist es auch ein «Fuck You» an all die übrige fortwirkende Vollwertkost der Nazipropaganda. Man könnte das Jägerschnitzel als Barbarei betrachten, tatsächlich steht es für Zivilisation statt Wahrhaftigkeitspathos. Niemand wird es unter Missachtung seiner Ruhepause über seiner Tastatur essen, es zwingt den Esser, sich für einige Minuten zu befreien. Es wird serviert auf engen Tellern, sodass jeder weiß, wo er zu stechen und zu messern hat. Nur diese eindeutige Keramikgrenze sichert die Zivilisiertheit – ohne Strukturen, ganz auf sich allein gestellt, etwa auf dem Weg zum knappen Buffet, ist im Einzelnen nichts stark genug, die Zivilisation zu wahren. Vor seinem Jägerschnitzel sitzend, vertraut er auf die eigenen Sinne, nicht die Einflüsterungen der Ideologen. Die Soße über dem panierten Schnitzel ist das Sapere Aude am Wirtshaustisch, ja, das mit seiner Panade in Fertigsoße erweichte Jägerschnitzel ist die Heildiät gegen die Krankheiten deutschen Denkens. Man gestattet den Widersinn und macht Pause vom Rigorismus. Warum man das tut? Nun, weil es schmeckt. Wie zuckersüß ist dieser Gemütspragmatismus gegenüber dem Wahn von Wahrheit und dem Streben nach absoluten Lösungen. Solche kulinarischen Sünden sind Anflüge von Selbstachtung derer, die ihr Leben bis zur Sklerose reglementiert haben. Diese Gemütlichkeit ist selbstgenügsam und besänftigt die deutsche Übergriffigkeit, sie ist die guilty pleasure, die man für sich behält und mit der man glücklich ist. Im Gegensatz zum deutschen Sendungsbewusstsein in Sachen staatlicher Haushaltsführung, Energiewende und Flüchtlingspolitik käme man niemals auf die Idee, einem anderen Land das Jägerschnitzel aufzudrängen. In dieser Bedeutung ist es ein Ideal für die Deutschen und die Rolle Deutschlands in der Welt: Man isst still sein Jägerschnitzel, ist glücklich mit sich und lässt die anderen in Ruhe.

MODE

Undurchdringlicher Stoff

Quynh Tran

Berlin, irgendwann im Sommer 1991. Der Schreck kam mit der U-Bahn, als Maxim einen Moment lang sitzen und um sich blicken konnte. Es waren die Frauen. Mit der Sprachlosigkeit bei seiner Ankunft in Deutschland konnte er leben. Aber der Anblick der Frauen mit ihrer fahlen Haut, ihren krausen Haaren und schludrigen Stofffetzen, der sich ihm in diesem Moment einbrannte, an den kann er sich auch nach über zwanzig Jahren nicht gewöhnen. Und um die Männer stand und steht es nicht viel besser. Er war aus der Mangelwirtschaft des zerfallenen, sozialistischen Systems der Sowjetunion in die Hauptstadt eines kapitalistischen Landes gekommen, wo doch Überfluss herrschen sollte. Nur, der war mitnichten zu sehen.

Nein, der größte Kulturschock waren nicht die äußeren Umstände seines Lebens in diesem fremden Land. Nicht die Arbeitslosigkeit, nicht die kryptische Bürokratie, nicht einmal der offene Rassismus nach der Wiedervereinigung. All das ließ sich irgendwie erklären.

Der größte Kulturschock war die deutsche Nachlässigkeit

sich selbst gegenüber, die fast schon an Verwahrlosung grenzte. Wenn schon nicht aus Respekt vor anderen Menschen, so sollte man sich doch wenigstens aus Selbstachtung um seinen Körper kümmern! Und dieses Unbehagen teilen wohl so manch Zugewanderte bis heute.

Ein Blick in eine beliebige Straße irgendwo in Deutschland eröffnet in der Regel einen unförmigen Einheitsbrei aus grauen, braunen, schwarzen Stofffetzen, die oft nur durch zerbeulte Jeans und ausgewaschene T-Shirts farblich aufgebrochen werden. Tanzt doch mal ein Anzug aus der Masse, so sitzt er schlecht, und das Damenkleid ist ein konventionelles Etuikleid aus steifem Stoff. Von maßgeschneiderten Herrenensembles und fließenden Seidenroben fehlt sogar in Opern und Theatern jede Spur. Selbst der Trend zu komfortabler Kleidung und Sportswear wird in anderen Ländern in einen spielerischen Rahmen gesetzt: Trägt man in Deutschland auch bei milden Temperaturen in der Stadt Multifunktionskleidung zu Birkenstock-Sandalen, werden die gleichen Schlappen in Frankreich mit Plisseeröcken und Chanel-Handtaschen kombiniert. In Deutschland hat eben Bequemlichkeit Priorität. Nur zeigen die Franzosen, dass genau das auch in schön geht. Die deutsche Modelandschaft hingegen ist eine große, weite Öde aus Ahnungslosigkeit, Ignoranz und Verleugnung.

Würden Kleider Leute machen, so wären die Menschen hierzulande eine Inkarnation der grauen Herren aus Michael Endes Momo-Erzählung, die außerstande sind, im Hier und Jetzt zu leben. Für das französische «Savoir-Vivre» und die italienische «Dolce Vita», für den Moment des Zelebrierens, gibt es kein deutsches Pendant. Kleidung, und im Übrigen auch

Essen, wird – statt wie anderenorts als Ausdruck von Lebensfreude – als reine Notwendigkeit betrachtet. Lebensqualität wird über Dinge außerhalb des Körpers definiert. Alles, was mit ihm zu tun hat, was man ihm zuführt, was man an ihm trägt und wie man ihn zur Interaktion mit anderen einsetzt, hat kaum nationalen Stellenwert. Und so sehr man sich dagegen sträubt, Kleidung als Botschaftsträger und Mode als eigene Sprache anzuerkennen, so sehr enthüllt sich in der nichtssagenden Kluft dann doch die Mentalität der Deutschen als genussverweigernde Pragmatiker, die ihre Selbstzweifel hinter einer rationalen Fassade verstecken wollen.

Mode ist bloße Zierde, Unvernunft, Frivolität, Inbegriff einer Oberfläche, die sich den Winden des Wandels beugt. Die deutsche Eiche aber ist standfest und hat so panische Angst vor einem potenziellen Regime der Äußerlichkeiten, dass sie sich stattdessen dem Diktat der ästhetischen Verleugnung unterwirft, als herrschte ein Dualismus zwischen Körper und Geist, in dem die Aufmerksamkeit auf das Äußere der inneren Tiefe etwas abringen könnte.

Verlorener Faden

Diese Oberflächenneurose hat historische Wurzeln, die von den Zäsuren der Moderne umso mehr verstärkt wurden. Der Philosoph Georg Wilhelm Friedrich Hegel beschrieb die Mode einst als Spiegel des Zeitgeists – und jene, die das modische Verständnis in Deutschland bis heute prägen sollte, begann mit der bürgerlichen Revolte des 19. Jahrhunderts gegen die herrschende Aristokratie. Äußere Opulenz galt als Insignie der unrechtmäßigen Macht und Maßlosigkeit des Adels. Als Gegenpol zur adligen Völlerei wurden Austerität und Natürlichkeit gepredigt; literarische Figuren wie Gotthold Ephraim Lessings Emilia Galotti verkörperten in ihrer Schlichtheit die idealisierte Vorstellung von Reinheit und Sittsamkeit. Der protestantische Moralismus des Bürgertums schaffte den Körperkult der Herrscher ab und mit ihm die offene Zurschaustellung von Machtverhältnissen. Allenfalls die Damen durften sich noch um die Zierde scheren. Der bürgerliche Mann zeigte sich, wie die Literaturwissenschaftlerin Barbara Vinken ausführte, als Geistesmensch, dessen intellektuelle Potenz so groß war, dass er keines äußeren Charmes mehr bedurfte. Zu seiner Uniform wurde der Anzug, von dem Friedrich Nietzsche einst gesagt haben soll, dass man mit ihm eben nichts sagen will. Ausgerechnet diejenigen, die Mode, in diesem Fall einen historischen Purismus, als soziopolitisches Zeichensystem zur Distinktion benutzten, sprachen ihr alsbald den inhärenten Wert ab. Mit dem Erstarken des Bürgertums und der ästhetischen Reduktion wurde die Verachtung des Äußeren fast schon zur Tugend.

Wenig verwunderlich war folglich, dass es jüdische, nicht protestantische Unternehmer waren, die das Potenzial der Industrialisierung der Bekleidungsproduktion durch die Nähmaschine Mitte des 19. Jahrhunderts erkannten. Bis zur Machtergreifung der Nationalsozialisten entstand um den Berliner Hausvogteiplatz eine blühende Textilindustrie, die von jüdischen Konfektionären geprägt war. Fabrikanten wie Valentin Mannheimer und Herrmann Gerson exportierten ihre elegante Alltagsmode in die ganze Welt, und Händler wie Adolf Jandorf und die Gebrüder Wertheim eröffneten Kaufhäuser, die zu den prächtigsten Konsumtempeln ihrer Zeit zählten. Als Pioniere des Kommerzes institutionalisierten sie sogar den frühen Versandhandel und Kreditkauf.

Im Gegensatz zu den fast ausschließlich männlichen Konfektionären am Hausvogteiplatz wurde die moderne französische Mode schon in ihren Anfängen von Frauen wie Madeleine Vionnet, Jeanne Lanvin und Jeanne Paquin, später dann von Elsa Schiaparelli und Gabrielle «Coco» Chanel mitbestimmt. In einer Zeit, in der Frauen nicht mal wählen durften, wurden die Modeschöpferinnen zu respektierten Unternehmerinnen – mehr als ihre männlichen Mitstreiter waren sie es, die mit ihren Entwürfen Frauen aus dem Korsett befreiten. Ihre Salons waren der Stoff ihrer Unabhängigkeit. Und zum Streitstoff der Emanzipation machten die Suffragetten, die das Frauen-Wahlrecht und Gleichstellung einforderten, auf der ganzen Welt die Reformkleidung: In diesen Jahren kostete das Rock-Diktat so manchen Frauen das Leben, und so sollte die Revolte gegen die bestehende Kleiderordnung sie von der körperlichen Einengung befreien und ihnen die Teilhabe an der (noch männlich dominierten) Gesellschaft ermöglichen. Amelia Bloomer, Herausgeberin der ersten feministischen Zeitung «The Lily», erregte mit ihren Hosen-Ensembles in den Vereinigten Staaten Unmut, und in Großbritannien protestierten Frauen in weißen Kleidern und mit blutroten Lippen öffentlichkeitswirksam für gleiche Rechte. Auf dem ersten internationalen Frauenkongress, der 1896 in Berlin stattfand, stand die Reformkleidung als wichtiges Instrument der Emanzipation ganz oben auf dem Programm. Kleidung war Symbol, und manch Suffragette würde mehr Geld dafür ausgeben, als sie es sich leisten könne, bevor sie die Bewegung mit einer altbackenen Erscheinung in Gefahr brächte, bemerkte Sylvia Pankhurst, eine der prominentesten Vertreterinnen der frühen Frauenbewegung.

Nach dem Ersten Weltkrieg entwickelte sich Berlin, die Hauptstadt der neu gegründeten Weimarer Republik, zu einer Metropole, die mit über vier Millionen Einwohnern größer war, als sie es heute ist. In den Zwanziger Jahren entstand im angrenzenden Babelsberg eine der größten Filmindustrien der Welt, die mit ihren glamourösen Stars, darunter die junge Marlene Dietrich und Zarah Leander, in den Villen am Wannsee schillernde Feste feierte. Expressionistische Kunst- und Literaturströmungen brachen aus den Konturen des Figurativen in eine Welt der Vorstellung. Am Potsdamer Platz tummelte sich eine Demi-Monde, die von Ernst Ludwig Kirchner mit verzerrten Pinselstrichen auf Leinwand verewigt wurde. Und der britische Autor Christopher Isherwood erinnert in seinen «Berlin Stories» an einen bunten Schmelztiegel zwischen Nachkriegsmangel und Zukunftshoffnung, der mit all seiner Freiheit vor Exzentrik und Kreativität sprudelte und zum europäischen Zentrum der damaligen Schwulen- und Lesbenszene wurde. All das drückte sich auch vestimentär aus. Der Berliner Chic, der sich in diesem Umfeld entwickelte und zugleich praktisch und spielerisch war, traf genau in das Bild der «Neuen Frau», das seit der Suffragettenbewegung immer präsenter wurde. Paris war mit seiner Haute Couture die Welthauptstadt der Mode, aber durch die jüdischen Konfektionäre und die Aufbruchsstimmung in der jungen Republik entwickelte sich in Berlin eine Prêt-à-porter von Weltrang. Sogar die erste deutsche Modewoche und mit der «Berliner Durchreise» auch die weltweit erste kommerzielle Messe fanden 1918 hier statt. Und im Bauhaus brachte die Webwerkstatt, erst unter Gunta Stölzl und später unter Anni Albers, Textilien und Bekleidung hervor, die Einzug in die Kunstgeschichte fanden. Das Reformprojekt Bauhaus wähnte sich progressiv, in seiner Geschlechterwahrnehmung aber konnte es konservativer nicht sein. Die Frauen der Akademie, denen Architektur und Kunst verwehrt blieben, und die in die Webwerkstatt verbannt wurden, erlangten aber trotz Marginalisierung Weltruhm. Während in Deutschland zum 100-jährigen Bauhaus-Gründungsjubiläum nun vor allem architektonische Meilensteine gewürdigt werden, widmete das Tate in London in Zusammenarbeit mit der Kunstsammlung Nordrhein-Westfalen Anni Albers' Textilarbeiten eine längst überfällige Retrospektive. Ähnlich avantgardistische, von Kunst geprägte Mode entstand sonst nur bei Sonia Delaunay in Paris oder der Moskauer Konstruktivistin Warwara Stepanowa.

Doch die moderne deutsche Modegeschichte wurde schon in ihren Anfängen von den Nationalsozialisten zerrüttet. So stark der Propaganda-Apparat sich im öffentlichen Raum durch Uniformen wie etwa die Braunhemden der Sturmabteilung durchsetzte, so rigide griff er auch im Privaten durch, wusste die Diktatur doch um die symbolische Macht der Kleidung. Von der Antike bis in die Neuzeit war sie das allgegenwärtige Zeichen vorherrschender Hierarchien. Erodierten diese, sah man es unverzüglich an der Kleidung – an ihr kann man die Revolution kommen sehen, schrieb Walter Benjamin in seinem «Passagenwerk», und das zeigte sich nicht erst mit den Sansculotten und Jakobinern während der Französischen Revolution.

Das 1933 etablierte Deutsche Modeamt sollte folglich dafür

sorgen, dass subversive Symbole aus dem Alltag verschwanden und die Gleichschaltung bis an die Haut ging. Kommerziell glich die Arisierung der jüdischen Textilindustrie einem kreativen Mord, und gesellschaftlich wurde statt des Stoffs von Glanz und Vorstellung zunächst das Idealbild der ungeschminkten Frau in Tracht propagiert, um die völkische Ideologie vollends im Alltagsbild zu etablieren. Ironischerweise trug ausgerechnet die erste Frau des Reichs, Magda Goebbels, am liebsten jüdische Designer, italienische Lederschuhe und französische Couturiers. Letztere wollte das Deutsche Modeamt nach der Besetzung von Paris nach Berlin bringen, um in der von Albert Speer entworfenen Welthauptstadt Germania einen Boulevard der Haute Couture zu errichten. Aber Lucien Lelong, Modeschöpfer und Präsident des bereits 1868 gegründeten Interessenverbands *Chambre Syndicale de la Haute Couture Parisienne*, argumentierte geschickt, dass nur die Pariser Infrastruktur eine so hohe Handwerkskunst am Leben erhalten könne, und die Kriegsniederlage der Nationalsozialisten verhinderte alle weiteren Bestrebungen, die hohe französische Schneiderkunst zu arisieren.

Schon während der deutschen Besatzung behalfen sich die Pariser mit Improvisation, um trotz des Mangels, mal mit Chiffon, mal mit Papierdekor, modisch Haltung zu zeigen. Und als der Krieg vorbei war, hieß es: vive l'opulence! Nach der Vertreibung der Nationalsozialisten taten sich die Couture-Häuser mit staatlicher Unterstützung zusammen, um aus Stoffverschnitten eine fabelhafte Werkschau von Kleidern an Miniaturpuppen zu machen, die 1945 als «Théâtre de la Mode» erst im Louvre gezeigt wurde und dann durch Europa und Nordamerika tourte. Schaut uns an, das ist französische Handwerkskunst, Kulturgut, Nationalstolz! Und das war nicht nur eine Frage der Mentalität, sondern knallhartes Geschäft: Die Ausstellung brachte allein in Frankreich eine Million Francs ein. Die französische Mode zur Marke zu machen und als solche auch selbstbewusst zu zeigen, war eine geniale Vermarktungsstrategie, die zum Wirtschaftsmotor der Grande Nation wurde und bis heute wichtiges Exportgut geblieben ist. Die Fünfziger Jahre waren die Hochphase der Haute Couture – Cristóbal Balenciaga, Hubert de Givenchy, Coco Chanel und Christian Dior erlebten in dieser Zeit ihren zweiten Frühling. Paris wurde wieder zur Hauptstadt des Genusses, und das wurde, für alle Welt zu sehen, auch auf den Körpern der Französinnen zur Schau getragen.

Schnittmuster der Gleichförmigkeit

In Deutschland hingegen wollte man sich am liebsten unsichtbar machen. Ein übermütiges Verhältnis zur Kleidung kann Kopf und Kragen kosten, das hat schon die französische Königin Marie Antoinette demonstriert, der ausgerechnet ein skandalöses Halsband den Weg zur Guillotine bereitete. Die Deutschen trugen die Alleinschuld an Krieg und Holocaust. Statt also nach dem Untergang des Nationalsozialismus die Befreiung von äußeren Zwängen zu feiern und das Risiko einzugehen, in irgendeiner Weise aufzufallen, wandelte sich die von oben diktierte Konformität lediglich in eine selbstgewählte, kollektive Camouflage. Unter der ästhetischen Duckhaltung wurde das Land durch teutonische Disziplin mit handfesten Industrien aufgebaut; ungeachtet der doch recht eindrucksvollen

Design-Geschichte ließ man die Finger von allem, was auch nur annähernd mit Lebensgefühl zu tun hatte.

Trotzdem entwickelten sich in diesen Jahren im Westen Berlins wieder Salons wie die von Uli Richter, Staebe-Seger und Heinz Oestergaard, die Pariser Couture nach Deutschland brachten und Persönlichkeiten wie Hildegard Knef, Romy Schneider und sogar Fürstin Gracia Patrizia von Monaco einkleideten. Aber auch diese Entwicklung fand schnell ein Ende: Die Mauer schnitt die Modemacher nach kaum einer Dekade von ihren Produzenten im Osten ab und isolierte West-Berlin.

In Ostdeutschland besann sich die SED auf das Mode-Diktat von oben zurück und uniformierte die Bevölkerung. Unvergessen bleiben die FDJ-Blauhemden der DDR-Jugend. Im Westen zerstreuten sich die Modemacher in alle Windrichtungen, und die besten deutschen Mode-Fotografen, darunter Helmut Newton, Horst P. Horst, Peter Lindbergh und F. C. Gundlach, gingen hinaus in die Welt, so sie nicht schon vor dem Krieg das Weite gesucht hatten. Karl Lagerfeld ging nach Paris, wo seine steile Karriere begann, als er 1954 den renommierten Woolmark Prize gewann. Von Frankreich aus ist er zu einer globalen Ikone geworden – die Deutschen hätten ihm niemals den Laufsteg dafür gegeben. Umso erstaunlicher waren kürzlich die unzähligen Nachrufe auf den (eigentlich nicht besonders) deutschen Designer – in der so modefeindlichen Nation verdrängte ausgerechnet der tote Lagerfeld das weltpolitische Geschehen und wurde selbst in den seriösesten Zeitungen zum Aufmacher und Gegenstand mehrseitiger Ehrungen.

Der Lebensstil der Sechziger Jahre wurde unterdessen von Großbritannien und den Vereinigten Staaten vorgegeben. Dort hielten die sexuelle Befreiung und Bürgerrechts- und Antikriegs-Bewegungen Einzug. Provokation war Programm. Und das sah man als Erstes in der Mode: In der Haute Couture verkündeten Yves Saint Laurents Frauen-Smokings und transparente Kleider die Befreiung des weiblichen Körpers, und in den Entwürfen André Courrèges' und Pierre Cardins spiegelten sich die Fortschritte von Technologie und Raumfahrt. Auf der Straße waren der von der Britin Mary Quant erfundene Mini-Rock und die bunten Mini-Kleider von Emmanuelle Khanh Zeichen der körperlichen Selbstermächtigung junger Frauen, Schlaghosen und Blumenhemden waren Stoff anti-bürgerlicher, pazifistischer Bewegungen – und diese politischen Wellen mitsamt ihren öffentlichen Botschaftsträgern in Form unkonventioneller Hippie-Mode machten selbst vor Deutschland nicht Halt. Auch die deutsche Studentenbewegung stülpte sich die Uniformen der Revolte über.

Inmitten des postindustriellen Aufschwungs der Siebziger und Achtziger Jahre entstand in Deutschland neben großen, kommerziellen Textilunternehmen schließlich doch noch Mode, die außerhalb der eigenen Grenzen sichtbar wurde: In Metzingen wurde Hugo Boss, das in den Zwanzigern mit Berufskleidung begonnen hatte und während des Dritten Reiches durch die Produktion von Uniformen für Hitlerjugend, Wehrmacht und SS unrühmlich zu kommerziellem Erfolg gekommen war, zu einer internationalen Modemarke für Business-Kleidung; in Nördlingen wurde das 1949 gegründete Bekleidungsunternehmen Strenesse durch die Designerin Gabriele Strehle mit schicker Prêt-à-porter und Abendkleidern bekannt; und in München machte Renate Günthert unter dem Alias Rena Lange aus dem Miederwarengeschäft ihrer Schwiegereltern eine Damen-Linie mit eleganten Kleidern und Kostümen. Und auch neue Modehäuser wurden gegründet: in München Escada und der Luxustaschenhersteller MCM, in Hamburg JOOP! und Jil Sander. Das deutsche Wirtschaftswunder, es fand zeitverzögert auch in der Mode statt.

MCM imitierte zunächst nur Louis Vuitton für die Münchner Schickeria, Wolfgang Joops gleichnamiges Label, geschrieben in Großbuchstaben und mit Ausrufezeichen, war entsprechend laut und am Ende so kommerziell, dass sich der Gründer davon trennte und später mit Wunderkind auf Pariser Laufstegen einen Neuanfang wagte, und Escada machte elegante Damenmode, die sogar für den roten Teppich in Hollywood taugte.

Einzig Jil Sander schuf einen komplett neuen Stil, der in gewisser Weise eine konsequente Fortführung des bürgerlichen Purismus des 19. Jahrhunderts und der Funktionalitätsprinzipien des Bauhauses war. Die Genialität lag in der Schlichtheit der Entwürfe aus grafischen Schnittmustern in einer gedeckten Farbpalette, verarbeitet in höchster handwerklicher Qualität. Ihr neuer Minimalismus, der beliebig im Zwiebellook kombinierbar war, war so zeitlos elegant, dass er die Flüchtigkeit der Mode fast schon transzendierte. In Mailand wurde «Jil Sander is hot, Armani not» geraunt. Mit ihrem ästhetischen Pragmatismus hatte die Designerin endlich einen Ausdruck für das deutsche Lebensgefühl gefunden – und ob sie es nun bewusst bezweckt hat oder nicht, bis heute bleibt Jil Sander wohl der deutsche Stil schlechthin.

Doch so unterschiedlich diese Modehäuser waren, eines hatten sie gemeinsam: Trotz des Erfolgs, der eine verzagte Sehnsucht nach äußerlichem Ausdruck bezeugte, wollte man alles andere als deutsch klingen. Joop kam ohne Wolfgang aus, und Jil Sander strich Heidemarie aus ihrem Namen. Denn nach der Wiedervereinigung war die Hoffnung auf die befreiende Wirkung des Mauerfalls schnell den Angriffen von Neonazis gewichen, die abermals ein fratzenhaftes Bild der Deutschen durch internationale Medien jagten. Mit einem solchen Land wollte man nicht assoziiert werden. Die einzige Ausnahme bildeten Subkulturen wie die Technoszene mit der Love Parade und legendären Clubs wie dem Bunker und dem Tresor.

Das änderte sich erst mit der Fußball-Weltmeisterschaft, die 2006 in Deutschland ausgetragen wurde. Die Welt war zu Gast in einem Land, das sich optimistisch und tolerant zeigte. Zum ersten Mal seit dem Zweiten Weltkrieg zeigten die Deutschen der internationalen Öffentlichkeit ihr freundliches Gesicht, und die euphorische Stimmung wurde als deutsches Sommermärchen gefeiert. Berlin war, lange nachdem der damals regierende Bürgermeister ihr das Image «arm, aber sexy» übergestülpt hatte, zu einer Stadt geworden, die als unfertiger Raum mit viel Platz und günstigen Lebenshaltungskosten idealer Nährboden für eine Kunst- und Kreativmetropole war und Menschen aus aller Welt anzog.

Neuer Stoff auf alter Naht

Dementsprechend groß waren dann auch die Erwartungen an die neue Fashion Week, die ein Jahr später vom Autokonzern Mercedes-Benz initiiert wurde. Mit ihr und dem neuen deutschen Image sollte Berlin wieder zur internationalen Modemetropole werden. Zum Auftakt zeigten mit Hugo, Strenesse und Puma große Namen neben aufstrebenden Berliner Labels wie Kaviar Gauche und Lala Berlin. Der anfänglich dünne Schauenkalender füllte sich schnell mit neuen Hoffnungsträgern, die sich nicht, wie bisher, hinter einem klangvollen Alias versteckten, sondern mit ihren eigenen Namen für eine neue deutsche Kreativwirtschaft standen, die so divers wie interessant war. In einem echten deutschen Mode-Moment zeigten Perret Schaad, als «Töchter Jil Sanders» für ihren neuen Purismus in mutigen Farben gefeiert, ihre Entwürfe in andächtiger Stille in Ludwig Mies van der Rohes Neuer Nationalgalerie. Michael Sontag präsentierte einen skulpturalen Minimalismus, der von internationalen Modekritikern gelobt wurde, Vladimir Karaleev brachte einen osteuropäisch angehauchten Dekonstruktivismus auf die deutschen Defilees, und Achtland und Tim Labenda waren Stoff gewordener Sturm und Drang. All diese aufstrebenden Designer waren durchaus talentiert genug, um auf internationalem Parkett zu konkurrieren – hätten sie das richtige Umfeld gehabt.

Doch eben das hat Deutschland nicht hergegeben. Die großen Modenationen hatten jahrzehntelang Zeit zu wachsen, dort hat die Modeindustrie Unterstützung von Politik, Wirtschaft, Öffentlichkeit und eigenen Interessenverbänden wie dem *British Fashion Council* oder der *Fédération française de la couture*. Aufstrebende Designer werden mit hoch dotierten Preisen und infrastrukturellen Subventionen gefördert, damit aus kleinen Schneiderateliers schnell echte Unternehmen werden. Dort ist Mode integraler Teil der Alltagskultur, Mittel der Kommunikation und wirtschaftliche Chance – und konzentriert sich in der Regel in einer Stadt: Paris, London, New York und Mailand sind Synonyme für die Modeindustrien ihres Landes.

Nur in Deutschland hagelte es Hohn und Spott. Das allseits beliebte Berlin-Bashing zeigt sich auch in der Mode: Statt dem neuen alten Standort Zeit zum Reifen zu geben und sich wie in anderen Ländern geschlossen hinter die Marke Berlin zu stellen, wurde der Fashion Week schon von Beginn an argwöhnisch-neidisch begegnet, wähnten sich doch München und Düsseldorf mit ihren etablierten Kaufhäusern und Boutiquen – und dem alten Geld – als Modeautoritäten. Nicht umsonst ist Christiane Arps Vorstoß, die deutsche Vogue unter ihrer Leitung nach Berlin zu bringen, gescheitert. Und das, obwohl schon internationale Designer der Stadt ihre Wertschätzung zollten: JW Anderson und Raf Simons entwarfen Kollektionen, die Schaulauf der Club-Kultur waren, Alessandro Michele inszenierte eine Gucci-Kampagne in der U-Bahn und Givenchy vor der postsozialistischen Kulisse der Karl-Marx-Allee. Nur die Berliner Akteure selbst versäumten es, sich an einen Tisch zu setzen, um das Potenzial der Stadt auszuschöpfen und der deutschen Mode mit vereinten wirtschaftlichen Kräften und einer gemeinsamen Botschaft Gewicht zu verleihen. Die Modewoche wurde zu einer unverständlichen Kakophonie, in der die schrillsten Stimmen die besten übertönten. Die vielversprechenden Jungdesigner gingen unter im Getümmel zweitklassiger Prominenz in zu engen Mini-Kleidern, haarsträubend bunten Inszenierungen von Designern wie Michael Michalsky und gähnend langweiligen Parcours kommerzieller Marken wie Marc Cain und Laurèl.

Während es in anderen Städten möglicherweise an Ideen mangelt, gibt es derer in Berlin zu viele, nur wird oft nichts aus ihnen. Hier verbrennen in kurzer Zeit die Ambitionen der aufstrebenden Modemacher, denn auch der beste Künstler ist ohne ein interessiertes, unvoreingenommenes Publikum nichts wert. Und als die Fashion Week vom Brandenburger Tor in ein Eissportstadion verlegt, also im wahrsten Sinne des Wortes auf Eis gelegt wurde, offenbarte die Berliner Wirtschaftssenatorin in einem Satz den Stellenwert der Mode in Deutschland: Sie sei eines Nationalmonuments wie dem Brandenburger Tor nicht würdig. In Paris und New York öffnet man IHR die Pforten von Nationalheiligtümern wie dem Louvre und dem Metropolitan Museum. Dabei gibt es hier internationale Mode-Leitmedien wie 032c und Highsnobiety und international erfolgreiche Marken wie Dumitrascu, GmbH oder Ottolinger, die in ihren Kollektionen mit dem Unfertigen eines von Subkulturen und Streetwear geprägten Berlin kokettieren – nur zeigen sie nicht in der Heimat, sondern in Paris oder New York und finden dort viel mehr Beachtung.

Aber ausgerechnet dieser Flickenteppich Berlin Fashion Week – der nach wenigen Saisons bereits das Ende attestiert wurde, die aber trotzdem noch immer im Begriff ist, sich neu zu erfinden – spiegelt die deutsche Gesamtsituation wider: Wenn man Mode nun, wie Roland Barthes, als Indiz sieht, das «tiefreichende Aufschlüsse über eine Gesellschaft, Wirtschaft, Kultur zulässt und Einblicke in ihre Sehnsüchte, ihre Möglichkeiten, Ansprüche und daseinszugewandten Freuden» zeigt, dann spiegelt der Streit um die Mode in Deutschland eine in sich zerrissene Gesellschaft voll kleinstaatlichem Geltungsbedürfnis und regionaler Missgunst, die noch immer auf der Suche nach ihrer Identität ist. Aber statt dieser Auseinandersetzung offen entgegenzublicken, lenkt man lieber auf die Mode als Feindin des Intellekts und Zielscheibe der Verachtung ab. Was diese Kritik an der Mode mehr als alles andere enthüllt, ist jedoch die ganze Oberflächlichkeit der selbsternannten tiefgründigen Denker.

Als Jil Sander Investoren suchte, fand sie sie in Italien. Escada gehört mittlerweile einer Inderin, MCM einer Koreanerin. Regnet es für Auto- und Finanzindustrie staatliche Subventionen, sobald sie auch nur ins Zittern geraten, vergießt niemand eine Träne, wenn ein Modeunternehmen insolvent geht.

Dabei hat Deutschland eine milliardenschwere Textil- und Bekleidungsindustrie, die allerdings vor allem von Sportmarken wie Adidas und Puma und Mittelständlern im mittelpreisigen, weniger kreativen Segment dominiert ist – nur im Mittelmaß ist die deutsche Mode Spitzenklasse. Ihr wirtschaftliches Potenzial geht neben der deutschen Schwerindustrie genauso unter, wie ihr kultureller Stellenwert neben der deutschen Hochkultur untergeht.

Unter dem teutonischen Schleier

Wenn man sich in Musik, Oper, Theater und Kunst ausdrücken kann, wer braucht dann noch die Oberfläche der Bekleidung? Aber gerade mit der Ablehnung der Mode verwehrt man einer demokratischen Ausdrucksform die Relevanz, und eben darin entblößt sich die heuchlerische Natur des deutschen Egalitarismus: Der ideologische Überbau, nach außen Unterschiede zu verschleiern, verfestigt nach innen die sozialen Verhältnisse. Im bürgerlichen Sprachgebrauch und seinen kulturellen Referenzen drückt sich die Kluft zwischen den Klassen umso brutaler aus, denn für einen eloquenten Umgang mit Literatur, Kunst und Theater braucht es eine gewisse Vorbildung, die noch immer relativ exklusives Kapital der oberen Mittelschicht ist. Mit der Oberflächenfeindlichkeit verteidigt das Bürgertum seine Privilegien.

Kleiden muss sich jeder Mensch. Nichts, außer vielleicht gelegentlich ein anderer Mensch, ist dem menschlichen Körper so nahe wie Kleidung und Kosmetik. Und sofern nicht ein repressives System herrscht, ist das, was man trägt, Ergebnis eigener Wahl. Diese Wahl kann Wünsche, Ambitionen und Gefühle ausdrücken. Sie kann zeigen, wer man ist und wer man sein will, Selbstbewusstsein verleihen, Schutz geben, Charakter und Haltung stärken. Und das natürliche Bedürfnis, sich auszudrücken, dazugehören zu wollen oder sich abzugrenzen, zeigt sich schon auf dem Schulhof: Kinder wollen eine bestimmte Kleidung, um cool zu sein. Aber sich durch teure Namen Anerkennung zu erkaufen, ist schon in der Kindheit billig: Die Coolen sind nicht unbedingt die mit den Markenklamotten, sondern oft die mit dem besten Stilempfinden, mit dem richtigen Gefühl für Zusammenhänge. Kleidung ist in diesem Sinne das zugänglichste aller Ausdrucksmittel und kann einen sozialen Aufstieg nicht nur reflektieren, sondern sogar vorwegnehmen. Ein T-Shirt lässt sich von heute auf morgen ändern, Vergeistigung ist ein langer Weg. Gerade jetzt, wo Mode so erschwinglich ist, dass man sich einfacher als je zuvor von finanziellen Restriktionen und sozialer Zugehörigkeit entkoppelt kleiden kann.

«Die Mode gehört zu jenen Mechanismen, mit deren Verstehen man nie ans Ende kommt, weil man sie zu leicht versteht», sagte der französische Soziologe Pierre Bourdieu, der Haute Couture auf eine Ebene mit Hochkultur stellte, einst, weil sie das Wesen des Menschen und der Gesellschaftsverhältnisse, in denen er lebt, zeigt und in diesem Sinne als kulturelles Zeichensystem gelesen werden kann. Nicht umsonst wird Kleidung oft bewusst als unmittelbarer Symbolträger und manchmal sogar als ganz pragmatisches Instrument eingesetzt.

So ermutigten die Vorkämpfer der indischen Unabhängigkeitsbewegung die Bevölkerung dazu, ihren eigenen Stoff zu weben und ihre eigene Kleidung zu nähen, um sich wirtschaftlich wie ideell von der britischen Herrschaft loszureißen. Als Indira Gandhi Premierministerin des postkolonialen Indiens wurde, trug sie als Zeichen ihrer Weiblichkeit und des Nationalstolzes Saris aus Khadi, ebenjenem selbstgewebten Stoff der Unabhängigkeit. Die Tradition, die Nationaltracht als Amtsuniform zu tragen, führen bis heute Politikerinnen fort, so zum Beispiel Benazir Bhutto in Pakistan, Ellen Johnson Sirleaf in Liberia oder auch die mittlerweile in Ungnade gefallene birmanische Regierungschefin Aung San Suu Kyi.

Margaret Thatcher, erste Regierungschefin des Vereinigten Königreichs, hat sich der Mode so ausdrucksstark als politischem Mittel bedient, dass ihre Gesten Einzug ins Wörterbuch fanden. Ihre politische Agenda war an ihren bunten Ensembles des landeseigenen Modehauses Aquascutum abzulesen: unerschrocken und zielstrebig, und gleichzeitig konservativ und weiblich. Und zu Verhandlungen schlug sie so demonstrativ ihre Asprey-Handtasche auf den Tisch, dass «handbagging», zu Deutsch «abkanzeln», in das Oxford English Dictionary aufgenommen wurde. Ganz bewusste modische Symbole setzte auch die ehemalige US-Außenministerin Madeleine Albright: Ihre Anstecker wurden als Zeichen ihrer Stimmungen und Gesinnungen so bekannt, dass ihnen eine ganze Ausstellung an der Smithsonian Institution gewidmet wurde. Und Ruth Bader Ginsburg, Richterin am Supreme Court, legt über ihre schwarze Richterrobe so oft exzentrische Krägen als Botschaftsträger, dass es den berüchtigten «Dissent Collar» mittlerweile nachzukaufen gibt. Ähnlich hielt es Hillary Clinton, die während ihres Wahlkampfs um das US-Präsidentenamt immer wieder Kleidung anlegte, die an die Suffragettenbewegung erinnerte. Dies wurde von den Frauen des bisher diversesten amerikanischen Kongresses fortgeführt: als Protest gegen Donald Trumps Politik bildeten sie zur *State of the Union Address* zur Lage der Nation einen kraftvollen weißen Block.

Struktur und Gewebe

In Deutschland wäre ein solches Kokettieren mit der Oberfläche undenkbar. Auch fast zwei Jahrhunderte nach der bürgerlichen Revolte und dem Siegeszug der vestimentären Abstinenz ist man nicht über das Misstrauen gegenüber der Kleidung hinausgewachsen. Als Altkanzler Gerhard Schröder es wagte, sich um seine Haare zu scheren und Brioni-Anzüge zu tragen, wurde er, statt für Eleganz gelobt zu werden, für unnötige Dekadenz gescholten. Bundeskanzlerin Angela Merkel hingegen zieht jeglicher Kritik präventiv den Stachel, indem sie den immer gleichen Blazer zu den gleichen Hosen trägt, sodass ihr

Look mittlerweile in einem «Pantone Merkel» als Palette aus Fotos ihrer Uniform in allen Farben des Regenbogens persifliert wurde. Beständigkeit und Zuverlässigkeit soll das zeigen. Was es auch zeigt: Abgesehen von der variierenden Farbpalette fügt sich ausgerechnet die mächtigste Frau der Welt, ob nun bewusst oder aus reiner Bequemlichkeit, in ein männliches Bekleidungsraster. «Power Dressing» nannte man es, als sich Frauen in den Achtziger Jahren wie in einer Art Mimikry maskuline Aufzüge aneigneten, um in die männlich dominierten Systeme der Wirtschaft und Politik vorzudringen. Inzwischen ist man in den meisten Ländern über diese Anpassung an das Maskuline hinaus. Aber während amerikanische, britische und französische Kolleginnen ganz selbstverständlich in schicken Kleidern und sogar mit Kopftüchern in Parlamentsversammlungen sitzen, sieht man die wenigen deutschen Politikerinnen oft in so farblosen Anzügen, dass sie sich fast nahtlos zwischen den Männern einfügen.

Georg Simmel schrieb in seiner «Philosophie der Mode», dass Kleidung ein Distinktionsmerkmal der Klassen ist und Aufsteiger sich oft so kleideten, als gehörten sie schon dazu. Wenn der männlich konnotierte Anzug nun noch immer Ausdruck von Macht ist und sich deutsche Frauen solche Anzüge anlegen, was sagt das dann über die Geschlechterverhältnisse in der deutschen Politik und Wirtschaft? Deutschland hinkt im Vergleich zu anderen europäischen Ländern in der Gleichstellung der Geschlechter – und übrigens auch in der sozialen Mobilität – hinterher. Mehr als in den meisten anderen Ländern liegt die Macht in Männerhänden. Und gleichzeitig begegnet man der Mode, die mit Weiblichkeit assoziiert wird, höchst skeptisch.

Wer hierzulande adrett auftritt, läuft Gefahr, intellektuell nicht ernst genommen zu werden. Das mag das ohnehin schon marginalisierte Geschlecht dazu bringen, sich der männlich-bürgerlichen Uniform anzupassen, um bloß nicht sexualisiert zu werden. Die gebildete deutsche Frau schminkt sich nicht und kleidet sich nicht auffällig, nein, sie fügt sich bereitwillig in eine graue Masse ein.

Die Natürlichkeit der bürgerlichen Revolte ist über die Zeit zu einer Nachlässigkeit geworden, von der man sich nicht mehr erholt hat, und der Mangel an ästhetischer Erziehung hat das Bewusstsein dafür verkümmern lassen. Dass der Bruch mit Kleider-Konventionen nicht nur Präsenz, sondern allen voran Haltung bedeutet, ist den meisten hierzulande fremd. Gerade der bewusste Umgang mit vestimentären Codes kann ein Selbstermächtigungsinstrument sein, selbst und vielleicht vor allem in einer Zeit, in der Mode erschwinglich ist und jeder tragen kann, was er will.

Als die US-amerikanische Sängerin Beyoncé 2016 beim publikumswirksamsten Fernsehereignis Nordamerikas, dem Superbowl, auftrat, setzte sie mit der Aufmachung ein Zeichen: Sie kam mit einer Armee schwarzer Tänzerinnen in schwarzen Uniformen, die das krause Afro-Haar offen als Bob, der Frisur der revoltierenden Flapper der Zwanziger Jahre, mit einem schwarzen Beret, dem Symbol der Black Panther, trugen. Das Bild, die Kampfansage, die noch viel unmittelbarer, viel wirksamer war als ihre Musik: Hier bin ich, eine afroamerikanische Feministin, und ich nehme mir meine Bühne! Und im Kongo, und mittlerweile auch in Krisengebieten wie dem irakischen Kurdistan, sieht man immer öfter Sapeurs und moderne Dandys die in schicken italienischen Anzügen mit Fliegen und Einstecktüchern und polierten Lederschuhen und Hüten wider ihre Armut, wider die spärlichen Hütten und den Staub auf der Straße auftreten. Der bunte Dandy-Stil begann als Rebellion gegen die Kolonialherren, erlebte eine Renaissance nach dem Bürgerkrieg in der Republik Kongo und bleibt bis heute visuelles Manifest der Würde entgegen allem Elend.

Noch heute rebellieren Frauen und Männer mit modischen Mitteln gegen bestehende Ungerechtigkeiten; ob mit umgekehrter Abaya in Saudi-Arabien, gegen das Kopftuch im Iran, mit Pussyhats in den USA oder mit gelben Westen in Frankreich. Kleidung ist ein wirksames Mittel, und als solches nicht nur alltägliches, visuelles Narrativ über die bestehenden Gesellschaftsverhältnisse, sondern vielleicht sogar mächtig genug, um das Bewusstsein über die gesellschaftliche Lage zu erweitern.

Und trotzdem wird das Potenzial der Mode in Deutschland verkannt. Während sie in England, Frankreich und den Vereinigten Staaten in Museen ausgestellt wird, in der Wissenschaft diskutiert wird und man mit Modekritik sogar den Pulitzer-Preis gewinnen kann, hat sie in Deutschland außer als Zielscheibe von Kapitalismuskritik keinen kulturellen Stellenwert. Zu mehr als dem Streitstoff über die entartete Konsumgesellschaft – schließlich ist man hierzulande zu tugendhaft, um sich solch kommerzieller Entwertung hinzugeben – und den damit einhergehenden moralischen Verfall taugt sie nicht.

Würde man die Anatomie der deutschen Gesellschaft auseinandernehmen, käme man vielleicht zu dem Ergebnis, dass sie eine starke Struktur besitzt, es im Gewebe aber mächtig wabbelt. Die föderalistische Struktur und der protestantische Moralismus gewährleisteten bisher eine stabile Demokratie – und zwar vielleicht so sehr, dass man sich auf das Konstrukt verlassen hat und die Intuition über sich und seine Umwelt zu sehr hat verkümmern lassen.

Die Angst vor Äußerlichkeiten und die Abwesenheit bewusster modischer Entscheidungen entblößt dabei eine tiefe Unsicherheit über die eigene Identität: Wer sind wir? Was wollen wir sagen? Wo wollen wir hin? Dieser Konfrontation will man aus dem Weg gehen. Die fast schon krankhafte Oberflächenneurose, sie spricht vielleicht nicht nur von der Hybris der eigenen Geisteskraft, sondern auch von einem noch immer prägenden Schuldbewusstsein, einer damit einhergehenden Selbstverleugnung und der Ohnmacht oder dem Unwillen, sich und seine Unsicherheiten auszudrücken. Eine derart lange gewachsene Mentalität wird sich nicht von heute auf morgen ändern, aber globale Entwicklungen machen auch vor Deutschland nicht Halt. Die Mode wird in den letzten Jahren wieder verstärkt als Symbolträger genutzt, um Gefühle nach außen zu tragen und politische Botschaften zu vermitteln. Sie wird als Instrument genutzt, anderen Respekt zu zeigen, für sich selbst Würde einzufordern und sich von äußeren Zwängen zu befreien – seien es gesellschaftliche Restriktionen oder einfach nur alltägliche Banalitäten. Haltung zeigen mag in seinem inflationären Gebrauch zu einer Worthülse geworden sein, doch liegt genau darin die Kraft der Mode.

Und auch wenn in Deutschland nach wie vor ein modischer Konformismus herrscht, brechen die globalen Entwicklungen die Feindlichkeit gegenüber Äußerlichkeiten gerade langsam auf. In internationalen Zirkeln wie der Kunst oder der Musik sieht man immer häufiger Menschen, die Mode als Mittel benutzen, ihre Persönlichkeiten und Lebenswirklichkeiten zu unterstreichen, um das Innere ebenso gehaltvoll nach außen zu kehren. Und auch die neuen Deutschen, die aus Osteuropa, dem Mittleren Osten, Asien oder Afrika kommen und ihre Herkunft in ihren geschminkten Gesichtern und bunten Kleidern mit sich tragen, bringen Farbe in das Grau. Die deutsche Modegeschichte ist von historischen Disruptionen durchzogen. Die jüngsten Entwicklungen, auch durch Globalisierung und Migration geprägt, bewirken vielleicht endlich mal eine positive (ästhetische) Aufrüttlung, die Deutschland hilft, aus dem selbstgewählten Versteck herauszukommen, einen roten Faden zu finden und selbst am Stoff der deutschen Gesellschaft mit all ihren alten und neuen Facetten zu weben.

THEATER

Spielt weiter

Simon Strauß

Intro

Und dann sitzt man wieder in einer Theaterpremiere und sucht Halt beim Stuck oben an der Ecke. Auf die Bühne rieselt der Kunstschnee, und hinten auf der Leinwand werden Gesichter in greller Großaufnahme gezeigt. Das Bild wackelt hin und her, um zu verdeutlichen, wie unsicher alle Wahrnehmung ist, die Sätze werden gesprochen, als wären sie lästig, nur gerade stellvertretend für irgendetwas anderes da. Die Körper bedeuten nichts, kommen vor, aber fallen nicht auf. Gespielt wird mit verneinender Gebärde, voller Selbstzweifel und Selbstkritik. Das Privileg, anderen etwas vorzuspielen, ist eben das: ein Privileg. Und ein Privilegierter darf man nicht sein, hat der Regisseur gesagt. Also möglichst normal wirken, echt und authentisch. Nichts ausdrücken oder darstellen wollen, einfach nur ganz niederschwellig da sein. Handhabbar und unhierarchisch. Zu diesem Zweck gerne auch runter von der Bühne kommen und durch die Zuschauerreihen laufen, über die alten Beine in Cord hinwegstolpern und dabei andauernd «Entschuldigung» sagen. Nicht nur für den unbeabsichtigten Tritt auf die Füße, sondern überhaupt für die ganze Vorstellung. Für jene Träumerei, dass heute – im Jahr 2019, wo so viel Politisches in der Welt passiert, gegen das man sich stemmen müsste – wirklich noch Menschen auf eine Bühne treten und sagen: Ich bin eine Königin. Oder ein kranker Soldat.

Die Enttäuschung scheint am Theater häufiger um sich zu greifen als bei benachbarten Kunstgattungen. Die Zuschauer sind enttäuscht von der Inszenierung, die Schauspielerin ist enttäuscht vom Regisseur, der Regisseur wiederum von der Intendantin, die Intendanz vom Kulturdezernat, die Presseabteilung vom Kritiker und der wiederum schnell vom Ganzen. Angesichts dieser umgreifenden Enttäuschung sollte man sich allerdings auch einmal wieder daran erinnern, wie unglaublich schwierig das Theatermachen eigentlich ist. Wie unwahrscheinlich, dass hier heute noch etwas gezeigt wird, das wirkt. Jetzt, wo auf der einen Seite alle nur noch mit leuchtenden Augen über Fernsehserien sprechen, nicht nur Bücher, sondern auch politische Reportagen nach der Dramaturgie sich potenzierender Cliffhänger geschrieben werden, und auf der anderen Seite ein generelles Einverständnis darüber herrscht, dass die Zeit der Einfühlung vorbei und durch das Paradigma der moralpolitisch korrekten Repräsentation ersetzt sei. Wie soll denn dem Theater da noch etwas gelingen, wenn die einen es immer besser können und die anderen es immer besser wissen?

Man sollte sich vielleicht grundsätzlich viel weniger darüber ärgern, dass ein Abend am Theater scheitert, als vielmehr darüber wundern, wenn hier überraschenderweise doch noch etwas

Eindrucksvolles gelingt. Kritische Zuschauer sehen gerne gnadenlos alles Falsche, Aufgesetzte, Unbegründete, aber wenn ein Satz so gesprochen wird, dass er tief in sie dringt, oder eine Geste so gesetzt wird, dass sie plötzlich alle Umstände verstehen lässt, dann bemerken sie das meistens nicht. Beziehungsweise schreiben es sich selbst und ihrem sensiblen Bewusstsein zu und nicht der alten Kraftzaubermaschine Theater. Wer heute einen Blick auf das deutsche Theater wirft, darf nichts Eindeutiges sagen. Zu viel geschieht hier, zu wenig wird gesehen. Die Vorstellung, dass sich irgendwo in einem kleinen Theater in der Provinz oder auf einem Experimentierfeld der freien Szene gerade eine Truppe zusammenfindet, um alles anders zu machen, ist zu einladend, als dass man sich zugunsten einer wuchtigen Generalaussage voreilig von ihr verabschieden wollen würde. Besser in verschiedene Richtungen schauen und ein paar Andeutungen machen. Es folgen: fünf Schlaglichter auf die deutsche Theaterlandschaft.

Erste Szene:
Im Keller mit den Volksbühnen-Besetzern

Ein Spätsommerabend in einem Neuköllner Hinterhof. Dreißig Stühle, vier Bierkisten. Eine Diskussionsveranstaltung zur Zukunft der Volksbühne, organisiert von ihren Besetzern. «Staub zu Glitzer» hat sich das aktivistische Kollektiv genannt, das im September 2017 in die leerstehende Berliner Volksbühne einbrach und internationale Aufmerksamkeit auf sich zog. Zwischen dem unfreiwilligen Abgang von Frank Castorf als Langzeit-Intendant und dem Neuanfang des Museumskurators Chris Dercon war das Haus mehrere Monate verwaist gewesen und eignete sich somit als Symbol für die liberalisierte Wohnungsbaupolitik der Stadt. Von Anfang an waren es keine ästhetischen Argumente, mit denen die Aktivisten von «Staub zu Glitzer» in die Diskussion um die Zukunft des landbekannten «Auratheaters» eingriffen, sondern sozialpolitische und weltanschauliche Forderungen. Mehr Wohnraum für Obdachlose, mit Feminismus gegen Rassismus und Hierarchien – so lauteten in etwa die Kampfansagen der Besetzer. Natürlich wäre die Einquartierung in einem Schöneberger Luxusloft oder einer NPD-Kneipe konsequenter gewesen, aber da hätten sich weniger Kameras auf sie gerichtet. Allerdings nicht nur aus Marketing-Gesichtspunkten war die Kaperung des Theaterhauses ein geschickter Schachzug. Denn die Volksbühne war schon lange vor der Besetzung das gewesen, wovon so viele andere Theater träumten: ein politischer Ort, ein Symbol für Widerstand in jeder Hinsicht. Es ging bei der Volksbühne nie allein ums Spielen und Einfühlen, sondern um die ideologische Auseinandersetzung mit dem westlichen Kapitalismus und das Einschwören auf die Schicksalskategorie «Ost» – das Theater war nur ein Mittel zum Zweck, und der lautete: auf die Seite des Dreckigen, Archaischen treten und von dort die soziale Frage neu stellen. Zynismus, Rausch und gierige Text- bzw. Theorielektüre waren die geistigen Voraussetzungen dafür. Von friedfertiger Bestätigung und moralpolitisch sauberem Diversitätstheater wollte man hier nie etwas wissen. 2012 erklärte Frank Castorf in einem Interview: «Kunst ist nicht mit Moral identisch. Wenn wir uns selber in der Kunst zensieren und mit Moral kastrieren, wird es trostlos. Die Aufklärung war politisch sicher befreiend. Aber für jemanden, der Kunst macht, ist dieses durchrationalisierte Weltbild sterbenslangweilig. Diese Angst vor den Polen und Antinomien finde ich schrecklich. Das reaktionäre Denken ist in unserer Gesellschaft vorhanden, das muss man in gewisser Hinsicht zeigen.»

Die jungen Frauen und Männer, die an diesem Abend im Hof sitzen, wollen lieber über Geschlechtergerechtigkeit und achtsame Sprache diskutieren. Das, was bei den Besetzern beeindruckt, ist ihre Lust am Engagement, am Ehrenamt sozusagen, dass sie also ihre Soziologie-Studien unterbrochen, ihre Kunsthochschulen verlassen haben, um sich zu versammeln und auf das Thema der sozialen Verdrängung hinzuweisen. Vom Hof geht eine Treppe in den Keller, dort wird weiter debattiert. Manchmal spielen sie hier auch Theater. Mit Videokameras und Wodkaflaschen. Warum sie eigentlich nicht in die Linkspartei eintreten und dort versuchen, ihre Forderungen durchzusetzen, fragt ein eingeladener Journalist. Ratloses Schweigen. Es gehe ihnen ja um politische Kunst, sagt eine und ein anderer pflichtet bei: «Wir wollen Strukturen verändern und damit Darstellungsgewohnheiten hinterfragen.» Das Theater als Laborraum für soziale und moralische Gerechtigkeit. Aber nicht durch die Lektüre und spielerische Aneignung von Texten soll das geschehen, sondern durch politische Tageslosungen und ein hierarchie- und diskriminierungsfreies, geschlechtergerechtes, inklusives, feministisches, antisexistisches Gesprächsklima. Man denkt überhaupt sehr viel über das Klima nach innerhalb der Besetzergruppe und ist dann, wenn die Temperatur perfekt eingestellt ist, eigentlich fast schon zu erschöpft für Gespräche. An dem Abend wird im Keller auch nicht mehr allzu lange diskutiert. Deutlich wird, dass die Künstlerinnen und Künstler im Besetzerkreis sich von den tonangebenden Soziologen nicht unbedingt richtig vertreten fühlen, aber das Wort für ein Eigenrecht der Kunst erheben sie nicht. Ein paar Wochen später sieht man sie noch einmal, die Besetzergruppe, auf einem Berliner Kongress zur Zukunft der Volksbühne verteilen sie Handzettel. Da haben sie sich allerdings schon zerstritten.

Die Berliner Volksbühne ist innerhalb der deutschen Theaterlandschaft nach wie vor die bekannteste Sehenswürdigkeit. Sie ist ein Symbol, ein Zeichenzentrum, auf das sich alle möglichen Seiten berufen, das instrumentalisiert, angeeignet und besetzt wird. Denn wer auch immer gerade über die Volksbühne spricht, will damit meist etwas ganz Grundsätzliches sagen, beklagt den wiederaufflammenden Ost-West-Konflikt, die fehlgeleitete Berliner Stadtentwicklung, das Auseinanderdriften von alter, sozialkritischer und neuer, moralpolitischer Linker. Der Mythos der Castorf-Ära lastet dabei wie ein Alb auf jedem Gespräch, auch und gerade wenn es die Zukunft der Volksbühne berühren will. In manchen Debattenbeiträgen über die Volksbühne wird man das Gefühl nicht los, hier solle vor allem Trauerarbeit geleistet werden. Sentimentale Rückschau auf die goldenen Zeiten seit 1992 und Reden auf den «genialen Frank» werden in einer so ungebrochen panegyrischen Weise gehalten, dass man den Eindruck hat, hier würde eines großen verstorbenen Herrschers gedacht. Deshalb kann über die Zukunft der Volksbühne nicht wirklich gesprochen werden. Stattdessen werden immer wieder «heilende Maßnahmen» und «Entschuldigungen» von Seiten der Politik gefordert. Das ganze Problem erscheint in erster Linie nicht als eine theaterpolitische, sondern eine psychische Angelegenheit. Was es hier braucht, sind Stuhlkreise statt Findungskommissionen.

Ist die Volksbühne heute also vor allem ein «Erinnerungsschloss»? Nicht nur – sie fungiert dank dem politischen Fundament der Ära Castorf auch als ein ideelles Bollwerk. Auf dem Volksbühnen-Kongress etwa proklamierte eine Internet-Bloggerin, dass die Zeiten, in der man sich an einem Theater affirmativ auf die Seite der «Erniedrigten und Beleidigten» stellen konnte, heute, in Zeiten von Pegida und Brexit, endgültig vorbei seien und man sich am Theater stärker auf Diversität und flache Hierarchien konzentrieren solle. Darauf wandte ein altostdeutscher Kultursoziologe kühl ein, dass Diversität kein soziales, sondern ein rein moralisches Mittelstandsprogramm sei und sich im Gegenteil kein besserer Ort als ein Theater dafür finden ließe, um sich auf das «Volk» und seine «Bürgerbewegungen» zu beziehen. Als generelles Sendungsprogramm empfahl er, gesellschaftliche Zustände nicht allzu eindeutig darzustellen und wieder mehr Mut zur Ambivalenz, ja gar zur «seelischen Aufregung» zu entwickeln. Die volksbühneneigene Mischung aus Arbeit, Weltbild und Gesinnung erweist sich heute selbst gegenüber dem tagesmoralischen Fortschrittsparadigma als resistent. Die Erfahrung, dass man politische Existenzfragen ästhetisch aufladen und zum performativen Ereignis stilisieren konnte, sitzt tief und fasziniert nach wie vor. Dagegen kommt man auch mit der Bitte um einen «freundlicheren Ton» nicht an. «Wir wollen keine normierte Sprache», dröhnt es aus der alten Trutzburg zurück.

Zweite Szene: Wider den Realismus – Von Susanne Kennedy zurück zu Samuel Beckett

Münchner Kammerspiele, im Januar. Gezeigt wird Susanne Kennedys Inszenierung von Marieluise Fleißers «Fegefeuer in Ingolstadt». Auf die klaustrophobisch-kleine Guckkastenbühne treten nacheinander halbtote Wesen aus einer anderen, düsteren Welt. Ihre Gesichter sind von der Maske entstellt, ihre Münder öffnen und schließen sich mechanisch, die Worte, die man hört, klingen fremd. Werden eingespielt und scheinen doch von ihnen gesprochen. Die auf der Bühne Anwesenden wirken wie vom Schicksal gefangengenommen, es ist, als ob sie nur Puppen wären, die von ferne gesteuert werden, mit leerem Bewusstsein, alles Selbst ausgesogen von Vampiren. Sie verkörpern die schockhafte Starrheit des Individuums in einer Gesellschaft, die nur von grausamen Normen und brutaler Sittlichkeit lebt. Ohne einen einzigen zeitgeistigen Moment zeigt ihr hoch stilisiertes Spiel alles, was es an Schrecklichem zu Totalität und Zwang zu sagen gibt. Der Abend ist stark und wirkungsvoll, weil er sein Ziel mit ästhetischen Mitteln verfolgt und sich traut, dem gängigen Begriff von Wahrheit zu widersprechen. Verfremdung statt Realismus, geträumte Abgrundwelten treten an die Stelle von blankgeputzter Wirklichkeits-Illusion. So souverän surreal wie die junge Theaterregisseurin Kennedy ihre Darstellerinnen und Darsteller durch eine albtraumhaft-sterile Kleinstadtcollage wanken ließ, wirkte das wie ein Plädoyer für mehr Mut zu Fremdheit und Manierismus. Ihre stilisierten

Bildkompositionen, die trotz aller widerständigen Formatierung eine ungemeine Sinnlichkeit und Freiheit ausstrahlten, gerade weil sie nicht auf Aktualisierung und Identifikation, sondern Illusion und Verstörung setzten, hinterließen einen bleibenden Eindruck. Vor allem widersprachen sie der gängigen Überzeugung, dass auf der deutschen Theaterbühne die letzte Provokation längst zur Konvention verkommen und die ästhetische Avantgarde nur noch anderswo – im Gehege der Bildenden Kunst oder des Films – zu finden sei.

Mit dem Theater sei es wie mit der Kirche, heißt es ja immer wieder. Das Angebot übertreffe die Nachfrage, und die Sitzreihen lichteten sich ebenso unerbittlich wie das Haupthaar der verbliebenen Besucher. Der Beleuchtungsmeister eines mittelgroßen deutschen Stadttheaters berichtete neulich in nüchterner Ernsthaftigkeit, dass er mittlerweile bei manchen Vorstellungen die Scheinwerferleistung um zehn Prozent reduzieren könne, weil die kahlen Köpfe im Zuschauerraum das Licht kostenlos reflektierten. Dass das Theater abseits der Bühnenkantine und der Theaterbetriebsleute ein Thema wäre, dass in Studentencafés, Anwaltskanzleien oder Start-ups über Aufführungen geredet, gar gestritten würde, hört man selten. Auch wenn die Besucherzahlen pro Spielzeit seit zehn Jahren einigermaßen stabil über fünf Millionen liegen, auch wenn das Theater nie ein Massenvergnügen war und sein Status schon immer durch Gladiatorenkämpfe und Wagenrennen, Cembalokonzerte und Balzac-Romane, durch Film, Funk und Fernsehen gefährdet war, ist der Druck, unter dem das Theater heute durch konkurrierende Erzählmedien steht, enorm. Das Theater als Institution und Ort der Vergesellschaftung hat bei vielen seine Selbstverständlichkeit verloren: Galeriewochenenden, eine «Game of Thrones»-Session und selbst die Wagneroper scheinen ihm den Rang abzulaufen.

Mit Überraschungen, künstlerischen Wagnissen rechnet man gemeinhin auf der Schauspielbühne nicht mehr. Alles hat man hier scheinbar schon durchdekonstruiert und aufgesprengt, was es an Textautorität und traditioneller Formvorgabe gibt. Romane und Filme werden (manchmal sehr gut) dramatisiert, Schauspieler (mitunter eindrucksvoll) als Ich-Erzähler in Szene gesetzt und jedem noch so kleinen Pathos ist schon (bisweilen auf intelligente Weise) mit großem Tamtam ein ironisches Beinchen gestellt worden.

Und dann ist da noch das Problem des Raums und der Sehgewohnheit. So ein Zuschauerraum an sich wirkt heute ja schon als ziemlich einschüchternde, autoritäre Setzung. Hier hat man still zu sein und zuzuschauen. Lange. Manchmal sehr lange. Theater als «Anstalt» – irgendwie schwingt die Schiller-Vorstellung immer noch mit. Jedem aber, der heute seiner «Seelenkraft» vor allem durch das großartige digitale, jederzeit zugängliche Angebot an «Schönem» Nahrung gibt, der nachts um halb drei durch die digital aufgearbeitete Tate-Modern-Sammlung stromert oder das ganze Wochenende Serien anschaut, der verliert immer mehr das Verständnis dafür, warum er sich an feste Orte und Zeiten des «Kulturkonsums» halten soll. Natürlich kann man dagegen sofort auf das berauschende Gemeinschaftsgefühl verweisen, das einen überkommt, wenn man mit 600 anderen zusammen in einem Raum sitzt und vorne jemand «Geben Sie Gedankenfreiheit!» ruft. Aber wann hatte man das letzte Mal wirklich das Gefühl, in diesem Moment mehr mit seinem Sitznachbarn zu teilen als die Armlehne?

Allerdings ist es nicht nur der Raum, der vielen suspekt geworden ist (und den die Theater daher immer öfter gegen begehbare «Environments» und externe alltägliche Spielstätten eintauschen), sondern auch das theatrale Spiel selbst. Das «So tun als ob», die Umständlichkeit der Handlung, das Klappern der Theatermaschine. Grob gesagt: das ungeschickt Unrealistische des Vorgangs. In der Tat kann das Theater nicht mithalten mit dem perfekt ausgeleuchteten Realismus etwa einer «Homeland»-Folge. Natürlich kann es niemals einen so schnellen, so unkomplizierten emotionalen Zugang anbieten wie ein ‹Superhelden›-Film, niemals so gekonnt suggestiv spielen, täuschen und Spannung erzeugen. Theater kann nur als Igel ins Rennen gehen, wenn es versucht, sich hier zu messen. Und doch muss das Theater begreifen, dass die Blicke seiner Zuschauer, ihre ästhetischen und wirkungsprinzipiellen Bedürfnisse immer stärker an die «Droge Realismus» gewöhnt sind. Darauf muss es reagieren. Das ist schwierig, aber auch einzigartig spannend und chancenreich. Denn, wenn man nicht einfach auf den wackligen Zug aufspringen und die Bühne zum schlechten Imitator realistischen Erzählens machen will, die projizierten Filmsequenzen immer länger werden lässt oder die Plots so geradebiegt, dass sie im Boulevard enden, dann bleibt doch nur eine wirkliche Alternative: das radikale Bekenntnis zum Unrealistischen und Gegenweltlichen des Theaters.

Denn hier liegt doch eine seiner größten Stärken. In dem Moment, wo ein Satz, eine Geste auf einmal alle Regeln auf den Kopf stellt und einen mitreißt in vollkommen fremde Welten.

Wie etwa bei Jan Fabres Antike-Projekt «Mount Olympus», das 24 Stunden lang dauerte und in ganz Europa gezeigt wurde, als da ein vergewaltigter griechischer Krieger am Bühnenrand stand, blutend, vor Demütigung stotternd: «Ich habe nichts mehr im Leben als meine Wunden.» Und seine Frau neben ihm kniete und nichts weiter tat, als mit einem weißen Tuch das Blut vom Boden zu wischen. Wie bei einem Opferritus. Dieser Augenblick, in seiner einfachen Unmittelbarkeit und Strenge, katapultierte einen voller Wucht in eine andere Zeit und Bewusstseinssphäre, in der Ehre und Rache, Ritual und Götterglaube auf einmal nicht mehr fremd, sondern vertraut erschienen.

Um solche Alteritätserfahrungen geht es und um die direkte Augenblicklichkeit, die auf der Bühne anders, stärker wirkt als im Film oder in der Serie, weil man den Bildern beim Entstehen zuschauen kann. Weil sie offen bleiben, auch ganz anders möglich wären und im besten Falle direkt und unverblümt auf den Zuschauer losgehen, ihn verführen, verwirren und regelrecht anstiften. Es gibt in der Tat eine geheime, nicht genau zu entschlüsselnde Wahlverwandtschaft zwischen der Gleichzeitigkeit von Schauen und Spielen, die auf keinem Filmset der Welt, aber in jedem noch so kleinen Provinztheater zu Hause ist. Eine magische, wechselseitige Kraft, die sowohl die Erfahrung des Spielers als auch des Zuschauers grundsätzlich prägen und verändern kann. Immer dann, wenn Theater sich danach sehnt, die Wirklichkeit zu übersteigern, wenn es Phantasien entwickelt und magisch denkt, mit offenem Visier an Texte herangeht, sie als Gegner oder Verbündete ernst nimmt, wird es anziehend, nicht aber, wenn es am Gegenwärtigen kleben bleibt oder versucht, Vergangenheit durch richtige Betonung nachzustellen.

Beckett, der 1906 in Irland geborene und 1989 in Paris gestorbene Dramatiker, der «zum Glücklichsein nicht sehr begabt» war und sich stattdessen ein Leben lang mit der «Ungenauigkeit der Welt», dem «Vielleicht» beschäftigte, war überzeugt davon, dass das Theater kein klärendes Licht in die Welt bringen sollte, sondern dunkel und unerklärbar bleiben müsse. «Meine Eigenart liegt in der Verarmung», bekannte er 1963 in «Spectaculum 6», «ich will weder belehren noch verbessern noch den Leuten die Langeweile vertreiben. Ich will Poesie in das Drama bringen, eine Poesie, die das Nichts durchschritten hat und in einem neuen Raum einen neuen Anfang findet.» Der Raum, den er meinte, die Theaterbühne, war ihm «ein Schauplatz außerhalb meines Bewusstseins». Das könnte man zur Abwechslung ja auch einmal als Spielzeitmotto festlegen: «Wir machen Theater für ein anderes Bewusstsein.» Das wäre doch ein Anfang. Ein neuer Schritt ins Offene.

Dritte Szene: Identitäres Theater

Vor dem Maxim Gorki Theater in Berlin flatterte im November 2016 ein Banner mit der Aufschrift: «Wir behalten uns vor, von unserem Hausrecht Gebrauch zu machen und Personen, die rechtsextremen Parteien oder Organisationen angehören, der rechtsextremen Szene zuzuordnen sind oder bereits in der Vergangenheit durch rassistische, nationalistische, antisemitische oder sonstige menschenverachtende Äußerungen in Erscheinung getreten sind, den Zutritt zur Veranstaltung zu verwehren oder von dieser auszuschließen.» Vorausgegangen waren rechte Zwischenrufe während einer am Haus stattfindenden Gesprächsveranstaltung, bei der es unter anderem um das Thema Vollverschleierung ging. In einem Aufmacher-Beitrag des «Theater heute»-Jahrbuchs 2018 sprach Shermin Langhoff, die Intendantin der mehrmals zum «Theater des Jahres» gewählten Gorki-Bühne, dann vom «Rassismus der deutschen Mehrheitsgesellschaft». Ihr Haus, so darf man daraus wohl folgern, steht nur denjenigen offen, die eine weiße Gesinnungsweste vorweisen können, die mit ihrem moralpolitischen Ausweis durch die Passkontrolle gekommen sind.

Theater wird am Maxim Gorki nach Diversitätsgesichtspunkten gemacht. Die Konzentration liegt meist nicht in erster Linie auf der Darstellung von Text und Konflikten, sondern auf der individuellen Identität der Darstellerinnen und Darsteller im Ensemble. *Wer* hier spielt, steht im Zentrum, nicht *was* gespielt wird. Das ist natürlich eine kalkulierte Provokation und auch nicht ganz ohne Berechtigung: Denn in der Tat spiegelt ja das herkömmliche deutsche Stadttheater meist weder in der Zusammensetzung des Ensembles noch in der Stoffauswahl die Veränderungen der bundesrepublikanischen Gesellschaft wider. Zum Beispiel gibt es für religiös überzeugte Muslime wenig Anknüpfungspunkte im postmodernen Diskurstheater. Allerdings hat auch das Maxim Gorki Theater für sie wenig Interessantes im Angebot. Existenzielle Fragen über Glaube oder Häresie, Schuld und Sühne, Hass gegen Liebe werden hier nicht behandelt, sondern in erster Linie wird das politische Tagesgeschehen aus morallinker Perspektive kommentiert.

Zwar toleriert die derzeitige Stimmung im deutschen Theaterbetrieb nicht, wenn eine schwarze Rolle mit einem nicht-schwarzen Schauspieler besetzt wird, und kritisiert, wenn ein türkischer Gemüsehändler nicht von einem türkischstämmigen Darsteller gespielt wird. Aber – so Christian Baron in einem Debattenbeitrag für das «Neue Deutschland» – «interessanterweise verlangt niemand, dass der türkische Gemüsehändler auch von einem Gemüsehändler oder zumindest vom Sohn eines solchen gespielt wird. Bei ethnischen Zuschreibungen ist die Echtheit für die tonangebende Kulturkaste also ein moralisches Gebot, im Falle der sozialen Klassenlage dagegen ist die Mimesis nach wie vor erlaubt und erwünscht.»

Das Gorki ist gewissermaßen das erste identitäre Theater Deutschlands, weil es sich von dem universellen Freiheitsversprechen der Kunst verabschiedet und zum Ritualplatz einer abgrenzenden Selbstvergewisserung für einzelne Identitätskollektive wird. Nicht mehr auf den Nachvollzug eines überindividuellen Arguments wird hier die Hoffnung gesetzt, sondern auf das Identifikationsangebot für eine je nach Hautfarbe und Herkunft changierende Minderheit. Dabei läge es doch eigentlich gerade in der phantastischen Macht des Theaters, dass hier das Spiel entscheidender ist als der Spieler, dass es egal ist, welche Hautfarbe eine Julia hat, und dass ein Migrant nicht als Migrant auftritt, sondern als gleichberechtigter Darsteller.

Aber im Zuge einer identitätspolitischen Kunst verlieren Fragen der Form und der Ästhetik leicht jede Bedeutung. Denn, so die Philosophin Monique Roelofs, «eine repräsentierte Form sozialer Identität auszustellen, ist eine Art der Adressierung oder Sprechweise, die [...] ästhetisch ungenügende oder abgegriffene künstlerische Produktionen hervorbringt», so in Hanno Rauterbergs «Wie frei ist die Kunst?». Die Verabschiedung des universellen Kunstbegriffs geht mit der Beendigung des ästhetischen Spiels, das immer auch ein Spiel der Ambivalenzen ist, einher. Für die bildende Kunst hat Hanno Rauterberg, auch in «Wie frei ist die Kunst?», die Folgen einer identitären Moralisierung sehr pointiert beschrieben: «Es geht nicht um den Kanon und die Frage, wie er sich weiten ließe. Vielmehr wird über Merkmale wie Geschlecht oder Hautfarbe gesprochen. So droht das emanzipatorische Freiheitsverlangen einer Minderheit, sobald es allzu sehr auf Repräsentationsfragen abhebt, auf die angemessene Vertretung der eigenen Belange im Raum des Museums, sich gegen die Eigenmächtigkeit der Kunst zu wenden. Die Bilder und Skulpturen werden nicht um ihrer selbst willen geschätzt, sondern als Stellvertreter im Ringen um Anerkennung. Sie werden instrumentalisiert und ihre Wirkungsfreiheit gerät in Gefahr.»

Wo man die Mehrheit seiner Zuschauer unter Rassismusverdacht stellt und auf der Bühne keine Existenzen dar-, sondern Identitäten ausstellt, reißt man Gräben auf statt sie zuzuschütten. Dabei hat das Theater – ähnlich wie die Religion – eigentlich eine vermittelnde, wenn nicht sogar einende Kraft. Weil hier Einfühlung unabhängig von Herkunft und Klasse möglich ist, Texte gesprochen werden, die zeitlos wirksam sind. Peter Brook zeigt das mit seinem Ensemble aus aller Welt seit mehr als fünfzig Jahren.

Das ist ja das generelle Siegeszeichen großer Kunst, dass sie nämlich anders als etwa Politik und Wirtschaft, die beide hektisch von Zeit zu Zeit springen und schnell historisch sind, von Zeitenwenden unberührt bleibt. Eine Shakespeare-Szene, eine Palladio-Fassade oder eine Zeile von Marie Luise Kaschnitz sind nicht weniger wert, je länger ihre Entstehung zurückliegt. Kunst hat kein Haltbarkeitsdatum, das unterscheidet sie von den Erzeugnissen des Tagesbetriebs. Deshalb darf sie sich auch nicht zur Magd beziehungsweise zum Stallburschen der gerade herrschenden Moral degradieren lassen. Muss ihren Drang, sich vom Tag unabhängig zu machen, sich die Freiheit zu nehmen, Gegenwirklichkeiten, Traumbilder und Sprachkunstwerke zu erschaffen, ausleben und sich nicht davor fürchten, eskapistisch genannt zu werden. Denn eskapistisch ist heute alles, was einmal nichts zu Trump zu sagen hat. Die Kunst ist frei, heißt es doch immer. Aber frei, um eigentlich was zu tun? Die Leitartikel und Gesinnungsmoden einfach in ihrem jeweiligen Medium nachzubuchstabieren? Oder nicht viel eher frei darin, eine andere, überraschende Weltsicht anzubieten?

Wie immer man Kunst definiert, als Möglichkeit existenzieller Tröstung wie Euripides, als Mittel der Seelenreinigung wie Aristoteles, als Antrieb zur Wiederverzauberung des Gewöhnlichen wie die Romantiker oder als Chance, sich selbst als Mensch besser zu verstehen wie Schiller meinte – in jedem Fall bietet Kunst die Chance auf eine Mimesis der Welt mit anderen Mitteln. Es geht ihr gerade nicht darum, wissenschaftliche Wahrheiten zu erlangen, sondern Emphase und Empfindung zu wecken und den Betrachter dazu zu verführen, großzügiger zu denken und zu fühlen. In der Kunst und gerade auch im Theater stecken enorme humane und gemeinschaftsstiftende Kräfte: Im Grunde bietet es die besten Chancen, um unsere Gesellschaft von der momentan überall dominierenden, selbstbezüglichen Fixierung auf Identität zu heilen. Wie mittlerweile zur Genüge festgestellt, gehen ja die «Identitären» rechts wie links von derselben, illiberalen Vorstellung aus, dass allein ihre persönlichen Lebenserfahrungen sie schon dazu berechtigen würden, ein Weltbild zu entwerfen. So als ob nicht zur Welt und gar zu einem Bild von ihr gehört, dass es zu Menschen mit ganz unterschiedlichen Herkünften und Haltungen spricht. Im Theater lernt man genau das kennen: die Vielfältigkeit unterschiedlicher Welteinstellungen und Charaktereigenschaften. Man trifft hier klug Besiegte und irrgewordene Helden, bürgerliche Tollpatsche und surreale Todesboten, sogar Königinnen lernt man hier kennen. Wo trifft man die sonst schon noch im Jahr 2019? Allein deswegen sollten unsere Politiker und Identitätsaktivisten so oft es geht ins Theater gehen, um sich von ihren Gegenbildern verunsichern zu lassen, um Andersartigkeit zu verstehen und zu akzeptieren. Um sich «moralisch zu entgiften», würde Stefan Zweig vielleicht sagen.

Im Sinne seines pluralistischen Anspruchs ist es für das Theater dann aber notwendig, auch das Befremdliche, Unverständliche, Abgefahrene zu zeigen, auch das Archaische oder Reaktionäre, weil es eben in unserer Gesellschaft vorhanden ist: «Wenn wir auf dem Theater nicht mehr die Ressentiments, die vorhanden sind in Europa, aussprechen können, wird es gefährlich», meint Frank Castorf in «Am liebsten hätten sie veganes Theater» – er hat sich für Céline, Malaparte und Ernst Jünger auch deswegen begeistert, weil sie dem Zeitgeist Kontra gaben. Wenn bei der Aufführung von Peter Richters «89/90» beim Theatertreffen 2017 das Wort «Neger» nicht ausgesprochen werden durfte und ein Neonazi-Darsteller stattdessen

«Beep» sagte, so ist das ungefähr der größtmögliche Kontrast dazu. Die Vorstellung, dass Rassismus verschwindet, wenn im Alltag indiskutable Begriffe auch in der Kunst vermieden werden, ist absurd. Überhaupt kommt man in einer ernstzunehmenden Bewertung von Kunst mit moralpolitischen Haltungsnoten nicht weit, denn hier tummeln sich die unangenehmen Menschen, ein Mörder wie Caravaggio oder ein Antidemokrat wie Balzac, von dem Marx sagte, er sei zwar ein fürchterlicher Royalist, aber niemand beschreibe die französische Gesellschaft besser als er. Und was macht man mit Beuys, der angab, dass Künstler und Verbrecher «Weggefährten» seien: «beide sind ohne Moral, verfügen über eine verrückte Kreativität, sind nur getrieben von der Kraft der Freiheit». Ein identitäres Theater kann all diese Schwierigkeiten umgehen und sich darin gefallen, nicht mit Hilfe von dramatischen Texten über das Unrecht der Unterdrückten zu sprechen, sondern sie realpräsentisch zu zeigen. Sie als diskriminierten Teil unserer Gesellschaft vorzuführen und ihre Besonderheit zu betonen. Es geht in Wahrheit wirklich um alles bei dieser Frage: Wollen wir, dass Kunst nur *zu* den Einzelnen spricht oder *von* den Einzelnen *zu Allen*?

Vierte Szene:
Dramaturgie – damals und heute

Was ist eigentlich los mit der Dramaturgie? Ehemals die intellektuelle Schaltzentrale jedes Theaters, ist sie heute zur mehr oder weniger einflusslosen Organisationseinheit gleich neben der PR-Abteilung verkommen. Warum eigentlich? Wann hat das angefangen, dass Dramaturgen dem Theater gleichgültig geworden sind? Dass sie ihre einflussreiche Stellung eingebüßt haben und zu Hilfsarbeitern des Betriebs degradiert wurden, die organisieren, vermitteln und hier und da ein paar Sätze für das Programmheft schreiben? Als der Beruf des Dramaturgen um die Mitte des achtzehnten Jahrhunderts entstand, befand sich das Theater in einer radikalen Umbruchphase. Nicht länger ein Ort für die Unterhaltung der Adligen sollte es sein, sondern sich zum Medium neuer, aufgeklärter Ideen erheben. Lessing, der am Hamburger Schauspielhaus als erster Dramaturg der Theatergeschichte tätig war, wollte durch seine Spielplangestaltung die bürgerliche Identität stärken, das Theater zu einer «Schule der Menschlichkeit» machen. In der Ankündigung seiner berühmten «Hamburger Dramaturgie» schrieb Lessing: «Die Dramaturgie soll (...) jeden Schritt begleiten, den die Kunst, sowohl des Dichters, als des Schauspielers, hier thun wird.» Der Dramaturg als intellektueller Aufseher über das kreative Geschehen. So hoch war das Amt ursprünglich besetzt.

Um heute noch ein Gefühl von der Macht des Dramaturgen zu bekommen, geht man besser nicht ins Theater und liest auch besser keine Programmhefte. Der Besuch in einer alten West-Berliner Kneipe ist dafür lohnender. Dort sitzt fast jeden Abend ein Mann, den noch die Aura einer Theaterzeit umgibt, in der Dramaturgie alles andere als egal war: Dieter Sturm – der ehemalige Chefdramaturg der Berliner Schaubühne. Sturm kam von Erlangen aus zur politischen Studentenbewegung, war mit Rudi Dutschke befreundet, leitete das Studententheater der Freien Universität und gründete gemeinsam mit Freunden erst die alte und dann die neue Schaubühne. Horváth und Marieluise Fleißer wurden von ihm wiederentdeckt, und er gab

Programmhefte heraus, die so stoff- und gedankenreich waren, dass sie heute in Universitätsbibliotheken stehen. Wenn man mit Sturm über die Rolle des Dramaturgen spricht, dann hört man vor allem eines: dass er für den «Entzündungsmoment» zwischen den drei Elementen Text, Schauspieler und Regisseur zuständig sei. Dass er aus seiner literarischen Beziehung zum Stück einen Erklärungsdrang entwickeln müsse. Er sei ein Anreger, kein Künstler, keiner für den Schlussapplaus: «Der Dramaturg muss im Dunkeln bleiben», sagt Sturm.

Für das legendäre Peter-Stein-Projekt «Shakespeares Memory» 1976 trieb er ausgiebige Recherchen, suchte Quellen zu Körperübungen aus der Zeit und exzerpierte das Werk von Erasmus von Rotterdam, um auf philosophische Einflüsse zu verweisen. Sein größter Ehrgeiz habe immer darin bestanden, so Sturm, dass jeder Schauspieler auf der Bühne wusste, was er spreche, woher seine «Gemütsparteinahme» rühre. Dagegen, dass das allgemeine «Meinungsklima» zunehmend das Rollenverständnis bestimme, habe er sich bis zuletzt gewehrt. Was ihn am gegenwärtigen Theater am tiefsten schmerzt, ist dessen Hang zur «Literaturabschaffung». Für ihn, dem die Rückbindung an die Literatur als Kernkompetenz des Theaters gilt, ist die momentane «Antikonjunktur für Theaterstücke» unverständlich.

Das war also das Gestern. Und welches Selbstverständnis haben Dramaturgen heute? Moderne Gegenprobe auf's alte Exempel: In einem Münchner Restaurant sitzt Tarun Kade, Jungdramaturg an den Kammerspielen, einem Haus, das unter der Leitung des umstrittenen Intendanten Matthias Lilienthal durch seinen performanceorientierten Spielplan so radikal wie kein zweites mit den Konventionen des traditionellen Stadttheaters bricht. 1984 in München geboren, nennt Kade die Frankfurter Inszenierung von Peter Greenaways «Gold» aus dem Jahr 2001 als sein theatralisches Erweckungserlebnis. In dieser Produktion, bei der das Geschehen im ganzen Haus stattfand, habe er Theater als einen Ort erfahren, der nicht abgeschlossen, sondern offen sei. Das habe den Keim gelegt für sein Theaterverständnis. Seinen Aufgabenbereich definiert er sehr variabel: Er verstehe sich als Kurator, Programmgestalter, Vermittler, aber auch als künstlerischer Teilhaber, der für die «Kommunikationsverbesserung» während der Proben zuständig sei. Beim Schlussapplaus tritt er mit vor den Vorhang, vom Dramaturgen als «Dunkelmann» will er nichts wissen. Überhaupt sei das, was «die Alten» unter Theater verstanden, vor allem «Manipulation» gewesen. Heute herrsche bei Regisseuren größerer Respekt vor der Eigenständigkeit der Schauspieler. «Manipulation ist durch Kollaboration ersetzt worden», sagt Kade. Flache Hierarchien, transparente Produktionsbedingungen – bei diesen Schlagworten leuchten seine Augen. Das Theater demokratischer machen, das sei heute Avantgarde.

Das Wort «Text» fällt bei diesem Gespräch erst nach einer Stunde. Bei der Frage, warum das Theater sich der allgegenwärtigen Sehnsucht nach Erzählung und Identifikation so vehement verschließt. Auch er schaue gerne Serien, betont Kade, aber die Bühne sei für ihn ein «Ort des Realen», der die Aufgabe habe, den «Prozess der Verwandlung, nicht die abgeschlossene Verwandlung zu zeigen». Von einem Programmheft erwarte er folglich anstelle historischer Kontextualisierung vor allem, dass es den Probenprozess transparent mache.

Mit dem, was «die Alten» unter einem «Dramaturgen» verstanden, hat sein Selbstverständnis in der Tat nicht mehr viel zu tun. Er führt noch den alten Namen, hat aber ein anderes Arbeitsfeld für sich entdeckt: Er ist ein organisatorisches Multitalent, das gern im Hellen steht. Statt von «Entzündung» spricht er von «Kommunikationsverbesserung». Das Auffällige am Berufswandel des Dramaturgen ist nicht, was an Interessensgebieten dazugekommen ist, sondern was er an Charaktereigenschaften verloren hat: allen voran seinen Stolz auf den sinnlichen Erkenntnisdrang. Deswegen war der Dramaturg ja lange ein Traumberuf, weil er ein enthusiastischer Schneisenschläger zwischen den streng abgezäunten Feldern der Akademie und der Kunst sein konnte. Weil er sich Lektüre leisten konnte, die nicht zu weiteren Fußnoten, sondern zu klüger gesprochenen Sätzen führt. Weil er Entdeckungen machen konnte, abenteuerliche Vorschläge und Spielzeit-Programme, die provozieren und radikal Partei für das Eigenrecht der Kunst ergreifen.

Die Frage wäre, ob daran nicht heute, wo es wie nie darum geht, bildfixierte junge Zuschauer für das Theater zurückzugewinnen, sie von der stimulierenden Wirkkraft des realen Geschehens zu überzeugen, wieder angeknüpft werden könnte. So viele kluge junge Denkerinnen und Denker gibt es doch an den Universitäten, denen der Betrieb dort den Hals zuschnürt. Wenn sie neben ihrer Kenntnis auch noch den Enthusiasmus für das Spiel, die Lust an der Verwandlung von gelesenem Text zu gesprochener Sprache, empfinden, wenn sie Interesse nicht nur an intellektueller Absicherung, sondern an Risiko, an geistreichen Konflikten haben, dann wären sie doch die idealen Neuzugänge für das gegenwärtige deutsche Theater. Man müsste es dafür einmal von Grund auf neu, und zwar von der

Dramaturgie her denken, alle Regie führenden Egos und Medienpartnerschaften beiseitelassen und nur auf eine Truppe von unterschiedlichen enthusiastischen Denkerinnen und Denkern setzen, die ein kluges, dem Sein und der Zeit angemessen dialektisches Programm entwickeln. Die mit Selbstbewusstsein und Verve gegen Intendantinnen und Regisseure argumentieren und all ihre Leidenschaft dafür einsetzen, Texte mit Menschen in Berührung zu bringen.

Andreas Beck, der neue Intendant des Münchner Residenztheaters, hat – erst in Wien und dann in Basel – als einer der Wenigen etwas in dieser Richtung versucht. Zusammen mit seinen Mitstreitern Ferdinand Schmalz und Ewald Palmetshofer, die beide inzwischen erfolgreiche Dramatiker sind, hat er eine eigene Spielart der Dramaturgie erfunden, die alte Stoffe mehr oder weniger behutsam überschreibt, ohne sie gedankenlos aktualisierend zu entwerten. Die «Basler Dramaturgie» ist in Fachkreisen inzwischen ein geflügeltes Schlagwort und macht Hoffnung darauf, dass sich deutsche Theater in Zukunft wieder stärker von tagespolitischen PR-Agenturen unterscheiden und zu widerständigen Orten des geistig-ästhetischen Austauschs werden wollen.

Fünfte Szene: Zentrales Vorsprechen der deutschsprachigen Schauspielschulen

Nahezu unberührt von all dem, was um sie herum geschieht, bleibt die Schauspielschule existenzieller Ort der Initiation und Erweckung. «Frühlings Erwachen», «Krankheit der Jugend»,

«Leonce und Lena» – all diese Stücke spielen hier. Die Schauspielschule ist innerhalb der deutschen Theaterlandschaft so etwas wie ein Fels in der Brandung. Wer es schafft, auf ihn zu springen und sich dort zu halten, hat gute Chancen darauf, seinen Traum vom Schauspielen zu verwirklichen. Denn ein großer Traum ist das ja bei sehr vielen noch immer. Trotz oder gerade wegen Netflix. Man möchte natürlich am liebsten gleich groß ins Filmgeschäft einsteigen und sieht das Theaterengagement eher als Durchgangsstation. Aber engagiert werden muss man eben doch noch zuerst einmal irgendwo. Und sei es in Heilbronn. Oder Chemnitz.

Der entscheidende Schritt nach dem absolvierten Schauspielstudium ist das sogenannte zentrale Vorsprechen der deutschsprachigen Schauspielschulen. Wer dort einmal im Jahr als Besucher hinfährt, erlebt nach wie vor eine absolut hierarchisch-autoritäre Veranstaltung, bei der die verschiedenen Theaterleiterinnen und Theaterleiter der Republik in einem abgedunkelten Probebühnenraum sitzen und sich den Nachwuchs vorführen lassen. Es geht hier durchaus ums Ganze – also zuvorderst um die Frage, ob nach vier Jahren Schulausbildung der Sprung ins Berufsleben gelingt. Oder nicht. Die Angst vorm Scheitern steht so manchem deutlich ins Gesicht geschrieben. Der Weg zum Erfolg – darüber macht sich hier keiner Illusionen – ist steinig und hart. Er muss erkämpft werden, um jeden Preis, mit allen Mitteln. Der Absolventenjahrgang aus Stuttgart hat mit «Sklavenhändler» von «Ton Steine Scherben» das passende Lied zur Lage im Programm und singt seinen potentiellen Arbeitgebern aus voller Kehle ins Gesicht: «Sklavenhändler, hast du Arbeit für mich? / Sklavenhändler, ich tu alles für dich».

Die anwesenden Theaterleute scheinen davon nicht sonderlich beeindruckt. Hier sitzen Profis. Routinierte Notengeber ohne Hang zur Emphase. Sie blicken nur kurz auf, wenn ein neuer Kandidat die Bühne betritt – zwei, drei Sätze reichen ihnen, dann steht ihr Urteil fest und die Kugelschreiber kreuzen weg oder kringeln ein. Sie suchen gezielt nach bestimmten Typen, haben den kommenden Spielplan im Kopf und das richtige Mischverhältnis des Ensembles. Im Raum herrscht die kühl-abwägende Stimmung eines Handelsplatzes. Vierzig bis sechzig Gäste sitzen auf der unbequemen Tribüne. Ein paar neugierige Normalzuschauer sind auch darunter. Man kann sie gut von den professionellen Besuchern unterscheiden, denn sie klatschen brav nach jeder Szene, während die Fachbesucher meist nur ein enerviertes Stöhnen oder einen mitleidigen Atemstoß von sich geben.

Hier, auf der kleinen, schwarzen Studiobühne stehen die aufgeregten jungen Spielerinnen und Spieler noch ein letztes Mal ganz für sich, befinden sich gewissermaßen im Naturzustand ohne Überbau, ohne die transformierende Einwirkung einer Regie, die sie bald zum eigenen Vorteil einsetzen, abrichten, verbrauchen wird. Hier, in den kurzen Vorspiel-Szenen der Absolventen, flackert schlaglichtartig auf, was eine junge Schauspiel-Generation vom Theater will. Sie selbst ist gefragt. Und sie antwortet auf eindrückliche Weise. Emblematisch ist, dass es vor allem um starke Frauen geht. Um Frauen, die wehrhaft und rachsüchtig sind, ohne Scham, ohne Zurückhaltung. Stark meint hier oft vor allem zügellos. Man sieht Frauen, die Chips fressen und furzen, die von ihren «Titten» und ihrer Selbstbefriedigung erzählen, die als Assi auftreten und als sexsüchtige Furie, die überhaupt sehr viel über Sex reden in derber, ekelerregender Weise. Schön wollen sie nicht sein, diese Frauen, nicht verträumt oder gar gefühlvoll. Keine Tschechowsche «Schwester» tritt hier auf, höchstens eine berndeutsch fluchende «Viola». Und doch spielen diese jungen Frauen ihre Derbheit und Hässlichkeit wunderbar leichtfüßig, feiern sie die Abschaffung der männlichen Vorherrschaft auf so lustvolle Art, dass es eine Freude ist, ihnen zuzuschauen.

Und was ist mit den Männern? Die atmen schwer. Im Gegensatz zu ihren Kolleginnen, die scheinbar ohne jede Anstrengung spielen, die alle Wut und Hysterie locker aus der Hüfte herauszuschleudern scheinen, brauchen sie viele Hilfsmittel, viel Anschub von außen, um Wirkung zu erzielen. Sie hüllen sich in schwarze Ledermäntel, beißen auf Blutkapseln, stürzen mit zerrissenem Hemd und klatschnassen Haaren auf die Bühne, schreien und flüstern, stampfen und zetern. Und achten doch darauf, dass ihre frisch rasierten Achseln nicht nass werden. Sie sind feinfühlig und metro und wollen doch so gern proletarisch-archaisch wirken. Zweimal sieht man den Bruno aus Hauptmanns «Ratten», zweimal den Franz Moor aus Schillers «Räubern». Viermal bleibt der Text lose in der Luft hängen, ist nirgendwo verankert, sondern wird mit einem Überschuss an Gesten- und Stimmlagen eher auf Distanz gehalten. Gut sind die jungen, braven Männer mitunter in der Rolle der Komiker, wenn sie als «Herr Lehmann» über die Bühne torkeln oder sich als «Merkur» in Adidas-Jacke an die Wand klatschen lassen. Sie verkörpern in der Mehrheit der Szenen die Opfer, werden von ihren Spielpartnerinnen mit Mineralwasser übergossen, an Stuhllehnen gefesselt, auf den Boden gedrückt, beschimpft, entmannt, gedemütigt. Von Marlon Brandos Machotum in «Endstation Sehnsucht» zu träumen traut sich keiner mehr. Der Schicksalssatz vom Carlos – «dreiundzwanzig Jahre, und nichts für die Unendlichkeit getan» – klingt hier wie destruktive Selbstkritik, hat nichts von der wilden Sehnsucht eines spätgeborenen Kämpfers. Interessant ist, dass es in fast jeder Abschlussklasse den Typen des Übergewichtigen gibt, dessen raumgreifender Körper einerseits Machtfülle, andererseits Hilflosigkeit ausdrücken könnte. Aber am Ende dann doch meist nur als Symbol für das Antimännliche schlechthin eingesetzt wird.

Die Schauspielschulklassen werden zu Beginn gewöhnlich zwei Drittel weiblich, ein Drittel männlich besetzt. Die Theater stellen dagegen vor allem junge Männer ein. Die Ungerechtigkeit dieser Ratio lässt sich am Ende dieses Vorsprechtages gut nachempfinden. Und doch geht es um mehr als nur Stellenverteilung. Nämlich um die Frage, wie Theater funktionieren kann, wenn seine männlichen Darsteller jede Form der natürlichen Aggression, wütenden Überheblichkeit und schlingernden Vulgarität ganz an die Frauen abtreten. Während im Kino und in den Serien die klassische Virilität mit den Craigs, Fassbenders und Lewis' (Damian und Daniel Day-Levis) ihren Platz behauptet, scheint sie auf der Theaterbühne deutlich ins Abseits zu geraten. Der Eifer der Absolventen, in ihrem Spiel die traditionellen Rollenmuster umzudrehen – so gern man vor allem den begabten jungen Spielerinnen dabei zuschaut –, er beruht doch auf einem Missverständnis: Denn was im sogenannten echten Leben eine anständige Wirkung hat, die Infragestellung von Geschlechterrollen und männlicher Dominanz, muss eins zu eins auf die Bühne übertragen zum Verhängnis werden. Denn das klassische Stücke-Repertoire, auf das bei aller Veränderung und Ausweitung der theatralischen Kampfzone immer noch zurückgegriffen wird, ist nicht im Gender-Seminar zusammengestellt worden. Das Theater braucht kraftstrotzende, schwierige, auch manierierte Männertypen, um die uralten Geschichten von Rache, Betrug und Ehrenmord einigermaßen bewältigen, intellektuell und emotional begreifbar machen zu können. Wozu verweisen die Absolventen denn auf ihren glitzernden Profilflyern immer noch stolz auf ihre anachronistischen Übungen im Fechten, Bogenschießen und Tanzen, wenn nicht, weil sie ahnten, dass ihre Profession nur dann ihren Wert behalten wird, wenn sie als sinnliche Mittler auftreten zwischen einem Gestern und Heute. Das geht aber nur, wenn sie sich neben Judith Butlers Welt auch in der von Marlon Brando auskennen.

Abspann

Geht ins Theater. Macht Euch die Mühe. Denkt an die Tage, an denen kein Vorhang mehr fällt. Nur noch weißes Neonlicht zittert über Euch, ohne Erbarmen. Ja, das Theater ist alt, älter als fast alles, was Euch heute umgibt. Aber Alter ist für Kunst doch keine sinnvolle Kategorie. Der Mensch ist selbst alt im Vergleich zur Welt, die ihn umgibt. Mit all ihrem Fortschritt, all ihrer fröhlichen Wissenschaft. Wahrheit bekommt nur, wer auf Empfindungen achtet. Wer nicht zu sehr an der Wirklichkeit klebt, sondern sich hin und wieder auch im Träumen übt. Der beste Trainingsraum dafür ist das Theater. Hier gehen neue

Welten unter und fremde Sonnen auf, werden gemeine Verträge geschlossen und schöne Lügen erzählt. Hier lernt man die Widersprüche freundschaftlich kennen und muss sie nicht wie gemeine Büronachbarn aushalten. Das Theater nimmt den Menschen das Phantasieren ab, hat Horváth gesagt – und, dass dramatisch ist, wenn zwei Temperamente zusammenkommen und sich feurig vertragen.

Glaubt an die Kraft der Verstörung, schaut auf die bebenden Körper, die totgesagte Sprache, das kühle Wegdrehen – sind da nicht letzte Geheimnisse versteckt? Brauchen wir sie nicht genau jetzt, im Zeitalter der Täuschung und Fälschung, so dringend wie nie? Müssen wir nicht das Wundern und Fragen wieder an die Stelle der Meinung setzen? Mehr wissen wollen über den Menschen, seine Abgründe, sein ewiges Streben? Es kann nie um die ganze Öffentlichkeit gehen beim Theater, es reicht schon, dass es wenige sind, die staunen, wenn es gelingt. Schaut hin im Theater und klatscht lauter. Ihr seid anders als sie und doch gleich. Das ist ja das Wunderbare: der Zweifel, ob all der Hass, all die Liebe, all der Verrat, all die Treue, all das Scheitern und all der Gewinn nicht auch Euer sein könnte. Und wenn Ihr's nicht könnt, nichts fühlt, kalt bleibt und unbesorgt, dann stehlt Euch davon. Aber sagt nicht, das Theater sei abgebraucht, abgebraucht seid Ihr selber!

LITERATUR

Lest kaputt, was euch kaputt macht

Katharina Herrmann

Vor vielen Jahrhunderten fragte Gott einmal Mephisto: «Kommst du nur immer anzuklagen? / Ist in der Literatur ewig dir nichts recht?», und Mephisto antwortete: «Nein Herr! ich finde sie, wie immer, herzlich schlecht.» So oder so ähnlich steht es in der Bibel, glaube ich, oder sonst irgendwo in so einem anderen Buch, das beinahe die Bibel ist. Jedenfalls scheint es ein Gesetz von ewigwährender Gültigkeit zu sein, dass immer irgendwer behaupten muss, dass der Zustand der Literatur ein schlechter ist. Schaut man in die Literaturgeschichte, war immer Krise, und persönlich kann ich mich an keine Zeit erinnern, in der Euphorie oder Zufriedenheit geherrscht hätten im Literaturbetrieb.

Aber das ist ja auch praktisch: Wer nur lang genug behauptet, es gebe eine Krise, kann darauf zählen, dass sie oder er dann, wenn die Krise endlich da ist, sagen kann: «Hab ich doch gleich gesagt!» Einige dürften sich also im Jahr 2018 fast gefreut haben: Jetzt ist die Krise wirklich und richtig echt da, mit

Zahlen belegt, nicht wegzureden. Eine 2018 vom Börsenverein des deutschen Buchhandels veröffentlichte Studie belegt, was viele geahnt haben: Von 2012 bis 2017 hat der Buchhandel 6,4 Millionen Buchkäufer verloren, im Jahr 2017 hat über die Hälfte der Bevölkerung kein einziges Buch gekauft.

Wer oder was ist hier eigentlich in der Krise?

Das Buch ist jetzt also in derselben Lage wie schon länger andere Printmedien. Es droht seinen Status als Leitmedium zu verlieren, unter anderem aufgrund von Medienkonkurrenz: Vor allem an das Internet, zudem an Online-Streamingdienste und deren Serien soll es einen Teil seines Publikums verloren haben, so die Studie des Börsenvereins. Aber: Hier handelt es sich zunächst um eine ökonomische Krise, die nicht zwangsläufig auch eine ästhetische sein muss, auch wenn die Erklärung, dass Bücher plötzlich, seit es das Internet gibt, schlagartig alle langweilig geworden sind, natürlich verlockend einfach ist. Zumal man sich dann nicht der Frage stellen muss, ob nicht vielmehr die Vermittlungswege seit Jahrzehnten gleich geblieben und damit veraltet sind.

Bleiben sechseinhalb Millionen Buchkäufer weg, ist das erstmal ein finanzielles Problem für die Verlage, nicht ein Problem für die Literatur an sich. Literatur wird natürlich weiter existieren, zur Not als Hobby und Nischeninteresse von Leuten, die neben ihrem Brotjob Bücher schreiben, verlegen, rezensieren. Was auf dem Spiel steht, ist nicht die Literatur als solche, sondern der Status ihrer Professionalisierung, ihre ökonomische

Grundlage und ihre kulturelle Prägekraft. Gute Bücher dagegen sind schon immer eben auch von Leuten geschrieben worden, die ihr Geld anderswo verdient haben. Dennoch wäre es fatal, wenn Literatur nur noch nebenbei entstehen könnte, gerade weil es sie wieder noch stärker zu etwas machen würde, das man sich leisten können muss.

Hinter dem ökonomischen Problem des Buchmarktes und des Feuilletons und also der Buch- und Zeitungsverlage steht neben einem medialen auch ein sozialer Strukturwandel, der diese ökonomischen Probleme zu einem Problem bestimmter Milieus macht: So führte Rainer Leschke 2013 in einem Aufsatz über «Medientheorie und Krise» aus, dass «die kulturelle Definitionsmacht etwa des Bildungsbürgertums auf der Verfügung über die Printmedien, insbesondere aber über das Buch [basierte]. Sobald ein neues Medium auftritt und den alten Medien Konkurrenz zu machen droht, ist zugleich auch die kulturelle Definitionsmacht der Trägerschicht der traditionellen Medien bedroht.» Mit dem Einfluss der Printmedien schwindet also auch der Einfluss von Milieus der Oberschicht und der oberen Mittelschicht auf das kulturelle Geschehen der Bundesrepublik.

Es sind also nicht einfach mehr oder weniger neue Medien oder mediale Formate, die dem Buch wie durch Zauberhand das Publikum abluchsen. Printerzeugnisse und vor allem Bücher sind vielmehr die Medien von schwindenden und an Einfluss verlierenden Milieus und Lebensstilen. Die deutsche Gesellschaft ist – wie jede andere Gesellschaft auch – einem fortlaufenden Wertewandel und Wandel der Lebenswelten unterworfen, mit den Folgen von einem durch «Globalisierung und Digitalisierung getriebenen Auseinanderdriften der Lebens- und Wertewelten», einer «Erosion der Mitte», einem Rückgang des Anteils der «traditionellen Milieus» bei «kontinuierlichem Wachstum im modernen Segment», einer «Entstandardisierung von Lebensläufen – mit der Folge von Orientierungslosigkeit und Sinnverlust, Suche nach Entlastung, Halt und Vergewisserung», so liest man in den «Informationen zu den Sinus-Milieus 2017» der Sinus Markt- und Sozialforschung GmbH.

Je mehr die Lebens- und Wertewelten der Milieus auseinanderdriften, desto weniger Einfluss können die Medien der einen Milieus auf die Lebens- und Wertewelt anderer Milieus haben. Die Folge ist, dass immer weniger Menschen aus Oberschicht- und gehobenen Mittelschichtmilieus zusammen in einem Bötchen sitzen. Sie sehen ihre kulturelle Definitionsmacht schwinden und schreiben also Bücher und Zeitungen, die sie sowieso praktisch nur noch selbst lesen, mit kulturpessimistischen Retrotopien voll: Früher, ja, früher war alles besser, da haben die Leute nämlich noch Bücher gelesen (und wir durften noch sagen, welche Bücher das sein sollten). Daneben sitzen immer weniger Leute aus denselben gehobeneren Milieus, zusammen mit Leuten aus allen anderen oberen, mittleren und unteren Milieus, die zwar noch Bücher lesen, aber eben solche, die eher Entlastung, Halt und Vergewisserung bieten, in der Regel sogenannte Unterhaltungsliteratur. Mitunter sogar Leute aus denselben Milieus wollen sich also nicht mehr sagen lassen, was sie zu lesen haben; sie erkennen einen milieuspezifischen Lebensstil nicht mehr an: Die promovierte Juristin liest dann genauso Rosamunde Pilcher wie der Altenpfleger. Und daneben sitzen sowieso immer mehr und mehr Leute aus allen Milieus, ganz egal ob oben oder unten, die von alledem gar nichts mehr mitkriegen, weil sie längst woanders sind. Denen ist auch herzlich egal, ob wieder irgendein Debattenbuch oder ein Feuilletonartikel über den Niedergang der Buchkultur erschienen ist, weil das ihre Lebens- und Wertewelt gar nicht mehr tangiert.

Mit wem wollte die Literaturvermittlung noch gleich sprechen – und worüber?

Man wird die Leute, wie man so schön sagt, «dort abholen müssen, wo sie stehen». Die ökonomische Krise der Printmedien ist zunächst keine Krise der Literatur selbst, sondern eine Krise der Literaturvermittlung in all ihren Instanzen: Von den Marketing-Abteilungen der Verlage über die Literaturkritik bis zum Literaturunterricht an Schule und Hochschule. Sehr viel wahrscheinlicher ist es, dass eine vernünftige Zusammenarbeit dieser Instanzen den Leserschwund beheben und vor allem die Zielgruppe des Buchmarktes durch «Kundenbindung» längerfristig stabil halten könnte, als dass das ästhetische Wunder geschieht und eine ganz neue literarische Strömung die Käuferzahlen wieder um 10% in die Höhe schnellen lässt – und dann für die Folgejahre konstant oben hält.

Wo Verbindungen und Traditionen abgebrochen sind, wird man neue aufbauen müssen. Haben der Buchmarkt und der Printjournalismus Teile ihres Publikums an das Internet verloren, werden sie nicht nur offline, sondern auch online wieder Kontakt zu ihnen aufnehmen müssen, statt weiter abzuwarten, ob sich dieses sogenannte Internet wirklich durchsetzen wird. Das Internet ist ein Kommunikationsmedium, das auch ihnen offensteht. Man wird sein Publikum auch hier wieder abholen müssen, und zwar professionalisiert, das kann man nicht privaten Bloggerinnen und Bloggern oder YouTubern überlassen. Man wird sich das Internet mit all seinen Kanälen so aneignen müssen, wie man sich schon Radio und Fernsehen angeeignet hat, und das wird nicht gehen, wenn man dafür einfach nur irgendwen einstellt, die oder den man dann nicht ernst nimmt, weil man ihr bzw. sein Medium nicht ernst nimmt.

Es gibt eben «die» Öffentlichkeit nicht mehr, also muss man lernen, unterschiedliche Öffentlichkeiten in je spezifischer Weise anzusprechen. Die Trägermilieus der Printmedien werden sich für die Lebensstile, Kommunikationsstrategien und Kommunikationskanäle anderer Milieus öffnen müssen, wenn sie gesellschaftlichen Einfluss zurückgewinnen wollen. Sie werden sich auf flachere Kommunikationshierarchien und personalisierte Kommunikationsbindung einlassen müssen: Neben denen, die klassische Formen der Literaturkritik schätzen – die ja nicht überholt sind, sondern nur ergänzt werden müssten –, gibt es eben viele Leute, die etablierte Kriterien zur Bewertung von Literatur nicht mehr teilen, ja oftmals gar nicht mehr kennen oder sie zumindest anders, gefühlsbetonter und umgangssprachlicher, formulieren. Die wollen sich auch nicht einfach sagen lassen, was gute Literatur ist und wie man über sie zu sprechen hat, sondern sie wollen auf das Urteil von jemandem setzen, dem sie vertrauen, und das hat oft mit Sympathie, der richtigen Ansprache und einer gewissen Übereinstimmung mit dem eigenen, mitunter sehr gemischten

Lesegeschmack zu tun. Die unterschiedlichen Instanzen der Literaturvermittlung könnten sich ab und zu die Frage stellen: Wer ist eigentlich unser Publikum? Spricht man beispielsweise derzeit mit Leuten, die sich als «richtige» Literaturkritikerinnen und -kritiker verstehen, über einen Publikumskritiker wie Denis Scheck, erntet man ein müdes Lächeln und Aussagen wie: «Das ist ja eher eine Werbefigur als ein Kritiker.» Man fragt sich mitunter, für wen diese Leute schreiben: für ihre Kolleginnen und Kollegen? Das ist legitim, trägt aber, wenn ein größerer Teil der Berufsgruppe es so sehen sollte, wenig zur Popularisierung guter Literatur bei, denn ein Publikum jenseits von Literaturexperten hat man dann gar nicht mehr vor Augen.

Und für eine solche Popularisierung müssten sich die unterschiedlichen Instanzen der Literaturvermittlung auch daran erinnern, dass ein Lesehabitus und die Art, über Bücher zu sprechen, nicht vom Himmel fallen, sondern erlernt werden müssen. Der Literaturbetrieb wird mit Hochschule und Schule neu und anders zusammenarbeiten, sie als Schnittstellen für Literaturvermittlung neu entdecken müssen. All dies wird möglich sein, ohne das Niveau abzusenken, man wird aber anders kommunizieren müssen. Um einen Vergleich zum Bildungswesen zu ziehen: Man kann heute im Deutschunterricht der Oberstufe Goethes «Faust I» genauso lesen wie vor 30, 40 oder 50 Jahren – aber man muss ihn anders aufbereiten, andere Erklärungen, eine andere Art der Kommunikation mit Schülerinnen und Schülern dabei wählen.

So leid es mir tut, das den nimmermüden Cheerleadern des Krisennarrativs, die alle paar Monate ausrufen, dass deutschsprachige Literatur nun aber wirklich tot, langweilig und vorbei sei, sagen zu müssen: Die derzeitige Krise ist eine Krise der Literaturvermittlung, nicht automatisch auch eine Krise der Literatur. Krisennarrative haben ihre Berechtigung, man möchte die, die sie bemühen, nicht missen – ohne Kritik keine Veränderung, kein Nachdenken. Nur: In Wahrheit versteht kein Mensch, ich am allerwenigsten, genug von Gegenwartsliteratur, um wirklich ihren Tod konstatieren oder auch nur belastbare Diagnosen aufstellen zu können.

Laut Börsenverein sind 2017 im Bereich Belletristik, also der sogenannten E- und U-Literatur («ernste» Literatur und «Unterhaltungsliteratur») zusammengenommen, 14 273 Titel erschienen, 2,7% mehr als im Vorjahr. Auch wenn ein Teil davon Übersetzungen sind und nicht zur deutschsprachigen Literatur gehören, bleiben tausende deutschsprachige Titel. Kein Mensch kann das alles gesichtet und gelesen haben. Kein Mensch kann beurteilen, ob es die tollen Erzähler, die es angeblich im angelsächsischen Raum gibt, im deutschen wirklich nicht gibt oder ob sie nur anders – beispielsweise als sogenannte Unterhaltungsliteratur – vermarktet werden. Kein Mensch kann beurteilen, welche Themen vorkommen und welche nicht. Immer wenn ich in das Internet hineinfrage, ob es eigentlich Bücher zum Thema XY gibt, kommen dutzende Empfehlungen, von denen ich noch nie gehört habe, weil die Titel entweder in kleinen Verlagen, schon vor mehreren Jahren oder im Bereich der sogenannten Unterhaltungsliteratur erschienen sind. Das sind denkbar schlechte Voraussetzungen für Krisennarrative, die behaupten wollen, niemand lese mehr, weil nur noch langweilige Romane geschrieben würden, also aus Gründen einer unzureichenden, aber dominierenden

Ästhetik, oder dass niemand mehr lese, weil alle Romane von unglücklich verliebten Twentysomethings in Berlin handeln, also aus Gründen einer monothematischen Ausrichtung. Man kann solche Dinge behaupten, klar – aber es sind dann nur Aussagen über den Ausschnitt aus dem Buchmarkt, den man wahrgenommen hat, zudem über die eigenen Vorlieben, nicht aber über die Gegenwartsliteratur insgesamt. Wer unter tausenden Titeln im Jahr kein einziges gutes Buch findet, wollte vielleicht auch gar keines finden.

Was für ein Privileg, in einer Zeit zu leben, in der man angesichts der Zahl der Neuerscheinungen nur die Orientierung und den Überblick verlieren kann. Aber genau das beklagen dann ja auch wieder manche: Es fehle an Orientierung, keiner sage mehr, wo es langgeht, was man jetzt eigentlich von all dem gelesen haben muss. Aber dass die Situation ist, wie sie ist, ist ein Glück. Dass jeder selbst entscheiden kann, was sie oder er liest oder auch nicht liest, ist ein Privileg in einer mündigen Gesellschaft. Für diese Perspektive könnte auch der Literaturbetrieb, insbesondere auch die Literaturkritik eintreten. Gerade dann, wenn sich viele aufgrund des gesellschaftlichen Wandels nach mehr Orientierung sehnen, würde es sich vielleicht lohnen, für die eigenständige, mündige Orientierung zu werben, vielleicht sogar: für Irritation zu werben.

Wer ist sichtbar? Wer kann mitreden?

Aber die Klagen bezüglich der Eintönigkeit der Gegenwartsliteratur, die in der Regel von Akteurinnen und Akteuren verfasst werden, die in schreibender, rezensierender oder schlicht lesender Weise mit der sogenannten anspruchsvollen Literatur befasst sind, weisen ja doch auf irgendetwas hin (aus dem Bereich der sogenannten Unterhaltungsliteratur hört man derartige Krisennarrative seltener, vielleicht auch deswegen, weil es ihr an etablierten Foren wie Feuilleton und Poetikvorlesung mangelt, über die sie diese lautstark artikulieren könnte). Zumindest weisen sie nämlich darauf hin, dass es im Bereich der sogenannten anspruchsvollen Literatur, die als solche vermarktet und von der Literaturkritik rezensiert wird, offensichtlich dominierende Ästhetiken und Themen gibt oder eher: dass vor allem Titel mit einer bestimmten Ästhetik und bestimmten Inhalten Sichtbarkeit und Aufmerksamkeit erlangen.

Und hier hängt die ökonomische Krise dann vielleicht mit einer ästhetischen zusammen: Wenn die sozialen Milieus mit ihren Lebens- und Wertewelten auseinanderdriften, verlieren jene Milieus, die die sogenannte anspruchsvolle Literatur tragen, zunehmend den Kontakt zu anderen Milieus und bedienen als Reaktion darauf vielleicht verstärkt – natürlich aber nicht nur – die in ihnen bereits etablierten Ästhetiken und Themen. In seinem in «Sprache im technischen Zeitalter» 2019 erschienenen Essay «Sieben Schwierigkeiten und einer der immer schmaler werdenden Pfade» hat Selim Özdoğan darauf hingewiesen, dass Literatur nach wie vor und vielleicht stärker als früher im Bildungsbürgertum entstehe und dessen normative ästhetische Vorstellungen bediene; auch Geschichten von sozialem Auf- oder Abstieg gebe es in der sogenannten anspruchsvollen Literatur kaum mehr, die Handlung der meisten Romane sei in der bürgerlichen Mitte oder Oberschicht verortet; gerieten Figuren aus anderen Milieus in den Blick, so meist nur als Klischee. Özdoğan fürchtet, dass sich der Betrieb um die sogenannte anspruchsvolle Literatur in den letzten Jahren im Zuge einer zunehmenden Professionalisierung durch Schreibschulen und Agenturen sogar noch stärker gegen angehende Autorinnen und Autoren aus anderen Milieus abgeriegelt haben könnte.

Sollte das der Fall sein, wäre das Teil des Problems. Zwar erscheint es mir so, dass zunehmend auch Stimmen aus marginalisierten Gruppen im Literaturbetrieb ihren Platz finden, leider habe ich aber auch den Eindruck, dass diese dann genau auf diese Rolle – eine Ausnahme, eine Repräsentantin oder ein Repräsentant einer bestimmten Gruppe – festgelegt werden. Wenn man Schreibende aber nur als Repräsentanten von Gruppen, nicht als Individuen behandelt, spricht man ihnen die Möglichkeit ab, schreibend zum Subjekt, also mündig und selbstbestimmt werden und Fremdbestimmungen überwinden zu können.

Es gibt Entwicklungen hin zu mehr Vielstimmigkeit, aber hier ist auch noch nicht alles geschehen, im Gegenteil: Essays wie der von Özdoğan – und die Resonanz, auf die er getroffen ist – weisen darauf hin, dass der Literaturbetrieb immer noch oder vielleicht sogar mehr als früher eben nicht jeder und jedem Zugang ermöglicht, die und der gerne Zugang hätte. Dass das deutschsprachige Feuilleton nach wie vor doch überwiegend von Lebensstil und Kommunikationsgewohnheiten oberer Mittelschicht- und Oberschichtmilieus geprägt ist, weist auch darauf hin, dass andere Gruppen sich kaum aufgefordert fühlen, sich an einem Gespräch über die sogenannte anspruchsvolle Literatur zu beteiligen, oder vielleicht weist es eben doch auch darauf hin, dass diesen Gruppen der Zugang erschwert wird. Aber kann sich das der Literaturbetrieb denn noch leisten: Es den paar Leuten, die mitreden wollen, schwer zu machen, sich am Gespräch zu beteiligen?

Das Trägermilieu der sogenannten anspruchsvollen Literatur wird sich anderen Geschichten, anderen Sprech- und Erzählweisen gegenüber aufschließen müssen, wenn auch andere gesellschaftliche Gruppen und Milieus den Eindruck haben sollen, dass Literatur etwas ist, das sie betrifft. Die sogenannte anspruchsvolle Literatur öffnet sich hier und muss sich weiter öffnen, weil Kultur immer nur dort entstehen und sich weiterentwickeln kann, wo sie neue Ideen und Einflüsse aufnehmen und weiterentwickeln kann. Hinter dem Vorschlag, pluraler zu werden, steht also nicht nur ein politisches oder ökonomisches Interesse, sondern durchaus auch ein ästhetisches. Die Literatur ist jedoch längst pluraler, als wir meinen, und wird zunehmend pluraler werden, wenn sich Literaturproduktion und Literaturvermittlung öffnen. Soll Literatur Kunst und also autonom sein, muss sie keine an sie herangetragenen Forderungen erfüllen – auch nicht die nach Pluralität. Die Instanzen des Literaturbetriebs hingegen sollten diese Forderungen erfüllen, um der Literatur und ihrer Bedeutung willen.

Die Wahrscheinlichkeit, dass eine Öffnung des Literaturbetriebs für neue Einflüsse, neue Geschichten, neue Perspektiven, neue Kommunikationsstrategien, flachere Hierarchien etc. zur Überwindung der gegenwärtigen Krise beitragen kann, scheint mir höher als die Wahrscheinlichkeit, dass ein von einzelnen Akteurinnen oder Akteuren vorgeschlagenes ästhetisches Programm hier Abhilfe schaffen wird. Auch deswegen, weil solche Vorschläge in aller Regel selbst aus dem schon erwähnten Trägermilieu stammen und meist so neu, wie sie zu sein vorgeben, gar nicht sind.

Worum geht es einigen Vorschlägen eigentlich?

Den alten Vorschlag etwa, dass der Roman sich stärker am Film orientieren sollte, hat nun der Vorschlag beerbt, dass der Roman sich stärker an der Serie orientieren sollte. Häufig wird die Vorbildlichkeit der Serie folgendermaßen begründet: Schließlich schauen alle Serien, über Serien wird gesprochen, aber es gibt keine Romane, die den öffentlichen Diskurs in ähnlicher Weise bestimmen (die gab es in den letzten Jahren schon, sie finden sich aber in den Bereichen Jugendbuch und der sogenannten U-Literatur und werden daher oft übersehen, wenn Instanzen der Literaturvermittlung lamentieren).

Dieser Vorschlag ignoriert, dass es sich bei Roman und Serie um grundverschiedene Medien handelt, er «verkennt die medienspezifischen Wahrnehmungsweisen und vertauscht die Dominanz eines Mediums mit seiner Vorbildhaftigkeit», wie Hermann Kinder in «Sätze zum Satz vom Ende der Literatur» 1992 in «Text+Kritik» den parallelen Vorschlag kommentierte, Literatur solle sich doch am Vorbild von Film und Fernsehen orientieren. Selbstverständlich wird Literatur an unterschiedlichen Stellen die durch ein verändertes mediales Umfeld entstandenen Seh- und Lebensgewohnheiten aufnehmen müssen, wenn sie nicht aus der Zeit fallen will. Sie wird dies von alleine tun, da sie unter den Bedingungen genau dieses veränderten medialen Umfelds entsteht. Aber um Ästhetik geht es bei diesem Vorschlag ja meist ohnehin nicht, nicht umsonst lautet die Begründung in der Regel: Über Serien wird geredet, über Romane nicht. Es geht also eigentlich um Resonanz, um kulturelle Prägekraft – Das ist aber, wie bereits erwähnt, ein Problem der Literaturvermittlung, ein Problem der Neuprägung und Pflege einer Lesekultur, nicht ein Problem der Literatur.

Ein ähnlicher Wunsch steckt hinter dem Bedürfnis, realistische Romane zu tagesaktuellen Themen zu haben, das jeweilige «Buch der Stunde» zu finden. Gemeint sind damit in der Regel eigentlich in Romanform gegossene Sachbücher oder journalistische Schreibformen. Mit Ästhetik hat diese Forderung meist nichts zu tun, sondern mit Resonanz- und Relevanzbedürfnis, mit dem Wunsch, etwas zum aktuellen Diskurs zu sagen zu haben. Hinter diesem Wunsch nach dem «Buch der Stunde» steckt oft genug der Wunsch der Trägermilieus der Printmedien, ihre schwindende kulturelle Deutungsmacht zurückzugewinnen: Debatten mitbestimmen und mitsetzen zu können, etwas zu ihnen beizutragen zu haben, das passende Buch hochzuhalten, um die Relevanz der Literatur zu beweisen. Interessanterweise findet sich dann ja meist auch ein solches «Buch der Stunde», eben auch deswegen, weil die Gegenwartsliteratur auch thematisch längst viel pluraler ist, als man es überhaupt überblicken kann.

Häufig genug bleiben diese Romane dann hinter der analytischen Schärfe von Sachbüchern zurück, obwohl man sich genau diese Analyse von ihnen gewünscht hat. Ein Roman muss aber natürlich gar nichts erklären können, sondern könnte vielleicht eher Fragen aufwerfen. Es wäre doch vielmehr Aufgabe der Literaturvermittlung, auch der Literaturkritik, den Bezug zwischen Literatur und Welt zu klären: Nicht der Roman muss seine Bedeutung für die Welt selbst auf dem Silbertablett präsentieren, sondern die Literaturvermittlung müsste diese herausarbeiten. Jeder Roman hat einen Bezug zur Welt, er ist ja nicht im Vakuum entstanden. Und Literaturkritik könnte sich durchaus mehr um die Interpretation der besprochenen Romane bemühen, als sie das derzeit oft tut.

Ähnlich wie mit dem Wunsch nach tagesaktuellen Romanen verhält es sich mit der Forderung, ein Buch müsse die Leserin und den Leser packen, ergreifen, gar ihr oder sein Leben verändern. Häufig wird dieser Vorschlag kombiniert mit der Forderung, ein Roman müsse die Realität wiedergeben, und zwar eben: packend, mitreißend, unmittelbar. Es gibt solche Romane ja auch erfolgreich auf dem Markt, eben in der Regel in Übersetzung oder in den Bereichen Jugendbuch und sogenannter Unterhaltungsliteratur. Und natürlich kann man das machen. Aber ist es ästhetisch vorbildlich, weil es erfolgreich ist? Ist es ästhetisch vorbildlich, weil realistische, packende Illusionszusammenhänge funktionieren?

Zumindest wird man sich der Frage stellen müssen, ob dergleichen emanzipativ ist. Ob Realismus nicht auch zu dem führen kann, was Mark Fisher in «Kapitalistischer Realismus ohne Alternative?» beschreibt: Zu einem Realismus, der durch das Erzeugen eines Illusionszusammenhangs, der die Realität scheinbar einfach wiedergibt, eine Realität mitsamt ihren falschen Strukturen zementiert. Kohärenz und Sinn liegen ja nicht einfach in der Realität, können ihr also nicht einfach entnommen und aufgeschrieben werden. Sie werden erst durch das Erzählen hineingelegt. Die Realität, die vielleicht gar nicht sinnvoll ist, wird in einem realistischen Illusionszusammenhang als kohärent und als sinnvoll nur erzählt, packend und mitreißend, sodass Lesende sich dringend notwendige Fragen bezüglich dieser Realität nicht stellen, sondern an die Illusion eines sinnvollen Zusammenhangs glauben.

Die literarische Verstärkung falscher Verhältnisse durch die Erzeugung eines realistischen Illusionszusammenhangs hat mit einer autonomen Ästhetik, die im Sinne Adornos der Gesellschaft mühsam abgezwungen worden ist, nichts zu tun. Im schlimmsten Falle handelt es sich aber um eine Ästhetik, die aus dem Wunsch nach Resonanz einiger Trägermilieus und also aus heteronomen, letztlich ökonomischen wie machtstrukturellen Gründen gewählt worden ist. Stattdessen könnte Literatur aber ein Freiraum sein, in dem das Subjekt gerade frei von äußeren Zweckbestimmungen sein kann – das wäre zumindest die utopische Forderung, die man nicht allzu vorschnell aufgeben sollte mit dem Verweis auf das, was man «Realität» nennt, was aber dann lediglich die Zementierung falscher Verhältnisse und die Anpassung an diese meint.

Und denselben Einwand, nämlich stärker an Resonanz, ökonomischem Erfolg und kulturellem Einfluss als an autonomer Ästhetik und Emanzipation interessiert zu sein, wird auch zu bedenken haben, wer die Dominanz des Ich-Erzählers in der Gegenwartsliteratur beklagt, diesen als Ich-Fixierung, Narzissmus und Nabelschau verabschieden will. Denn zum einen hält Anke Stelling in ihrem im Juni 2018 in der «Jungen Welt» erschienenen Essay «Die Stimme verstellen» nicht ohne Grund fest, dass der «Nabelschauvorwurf [...] ein Machtinstrument

[ist], dazu da, Subjektivität zu verhindern, Stimmen zu unterdrücken und Hegemonie zu behalten», und weist darauf hin, dass «ich» zu schreiben bedeuten kann, «endlich zum Subjekt zu werden». Zum anderen, und das ist das ästhetische Argument, ist doch genau dies nun ein Alleinstellungsmerkmal des Romans gegenüber audiovisuellen Medienformaten wie Film, Fernsehen, Serie: Im Roman kann die Leserin bzw. der Leser lesend zu einem anderen Ich werden, zu dem des Ich-Erzählers, und zwar anders als in audiovisuellen Medien. Im Roman ist es möglich, die Welt mit den Augen eines anderen, mit den Empfindungen und Wahrnehmungen eines anderen Ichs zu sehen, die Blicklenkung aus dem Ich des Erzählers heraus ist in viel höherem Maße möglich als aus einer Kameralinse. Und das führt eben nicht zwangsläufig zur Nabelschau und zum Narzissmus – dazu führt es doch nur, wenn zusätzlich noch in einem realistischen Illusionszusammenhang genau die Lebens- und Wertewelt erzählt wird, aus der die Leserin oder der Leser selbst stammt. Im Gegenteil kann gerade der Ich-Erzähler bewirken, dass die eigene Weltwahrnehmung, der eigene Denkhorizont hinterfragt und erweitert werden. Weil das Ich des Erzählers dennoch immer ein anderes bleiben wird als das des Lesenden.

Schreiben und Lesen können, auch ganz unabhängig von der Erzählperspektive, Wege der Subjektwerdung sein, aber dazu gehört auch, dass Schreibenden und Lesenden der Subjektstatus zuerkannt wird. Der Autor ist nicht einfach tot, Texte sind keine Grabbelkisten, aus denen jeder irgendetwas herausnehmen kann. Schreibende sind Subjekte, ihre Texte sind bewusst gestaltet und dienen nicht nur dazu, dass sich Lesende in ihnen wiederfinden, sondern sie können auch Orte der Differenzerfahrung sein. Das Lesen ermöglicht nur dann das oft beschworene Erlernen von Empathie, wenn Lesende auch auf etwas stoßen, was von ihnen verschieden ist: Einfühlung braucht das Identische, genauso aber das Andere.

Und selbstredend darf Literatur und die Kritik an ihr alles – sie darf selbstverständlich auch kapitalistischen Realismus, Ergriffenheit und Ablehnung des Ich-Erzählers fordern. Aber das muss dann unter Einbezug der Frage geschehen, was Literatur eigentlich ausmacht, und naturgemäß gibt es auf diese Frage sehr viele mögliche Antworten, und selbstverständlich muss über diese Antworten und ihre Gültigkeiten trotzdem diskutiert werden, auch wenn jeder weiß, dass hier kein richtig und falsch belegbar ist. Denn wenn man sich einfach nur auf ein «Literatur darf alles» zurückzieht und es dabei belässt, verabschiedet man Literatur vollständig in die Beliebigkeit und also Irrelevanz.

Realität kaputtschreiben, Realität kaputtlesen

Eine mögliche Antwort könnte sein: Eine Literatur, die nicht einfach bedienen will, was der Markt und der Zeitgeist wollen, die also nicht falsche Realitäten in einem scheinbar sinnvollen Illusionszusammenhang zementieren will, weil «die Leute das eben wollen»; eine Literatur, die nicht Orientierung vorgeben will, weil das ein Bedürfnis der Zeit ist, sondern die Orientierung der mündigen Leserin und dem mündigen Leser selbst zumuten möchte, wird all das vermeiden müssen: Die Illusion eines Sinns im Falschen, die Illusion einfacher Antworten und Orientierungen im Komplexen. Eine Literatur, die das vermeiden möchte, und das kann in sogenannter anspruchsvoller und Unterhaltungsliteratur gleichermaßen geschehen, wird vielleicht auf ein Berühren setzen, das kein Verletzen ist. Wird vielleicht auf Irritation setzen, wird vielleicht auf Brüche setzen, die keine Risse, keine zerstörerischen Durchbrüche sind. Es wäre eine Ästhetik der Unterbrechung, der Distanzierung, der Irritation.

Es gibt diese Ästhetik längst, und es sind in den letzten Jahren viele sehr gute Romane erschienen, die ihr entsprechen könnten und die auch als sehr gute Romane erkannt und honoriert worden sind. Dass dies dennoch wenig zu ihrer breiteren Vermittlung beigetragen hat – auch und gerade nicht die punktuelle Aufmerksamkeit, die Preise verschaffen, die dann aber keine längerfristige Leserbindung leisten –, hängt mit den oben dargestellten Problemen der Literaturvermittlung zusammen. Die folgenden Beispiele entstammen alle der sogenannten E-Literatur, was aber nicht heißen soll, dass nicht auch sogenannten U-Literatur Brüche und Irritationen enthalten kann – ich lese sie nur zu selten, als dass ich Beispiele nennen könnte.

Brüche und Irritationen können etwa entstehen, wenn unterschiedliche Figuren mit unterschiedlichen Sichtweisen auf identische oder ähnliche Vorgänge aufeinandertreffen. Dies geschieht in Terézia Moras Roman «Das Ungeheuer». Über alle Romanseiten hinweg verläuft im unteren Drittel eine Linie. Darüber sind Erlebnisse und Erinnerungen des Protagonisten Darius Kopp dargestellt, der nach dem Selbstmord seiner Frau Flora durch sein Leben irrt. Unterhalb der Linie ist Floras Tagebuch abgedruckt, das Darius liest – und in dem er seine Frau als anderen Menschen wiederfindet. Die Linie, die zwei Figuren trennt, die lange zusammengelebt haben, wird überschritten, indem Darius lesend von einer Realität erfährt, die nie seine war – und durch die seine Realität zerbricht.

Ein ganz anderes Verfahren, zwei Stimmen nebeneinanderzustellen, ihre Ränder einander berühren zu lassen, wählt Senthuran Varatharajah in «Vor der Zunahme der Zeichen». Der Autor lässt zwei Studierende – beide sind als Kinder in Begleitung ihrer Eltern als Asylsuchende nach Deutschland gekommen – auf *Facebook* miteinander chatten und Geschichten über ihr Aufwachsen in Deutschland austauschen. Schon die Form, der Chat, bringt den Bruch, die Irritation mit sich: Die Figuren unterbrechen jeweils die eigene Stimme, um Raum zu schaffen für die andere. Und so durchbricht dieser Prosatext noch einen anderen Rand: den zur Lyrik. Zum einen durch die Sprache, die lyrisch und philosophisch-theoretisch zugleich ist, zum anderen durch diese Bewegung der Selbstunterbrechung, die den Text in Strophen gliedert. Illusion wird hier immer wieder unterbrochen, so wie die Stimmen sich selbst unterbrechen. Und dennoch fühlt man mit ihnen.

Solches Aufeinandertreffen unterschiedlicher Sichtweisen auf eine Realität ist auch multiperspektivisch möglich oder durch Brüche im Erzählverfahren. In «Justizpalast» von Petra Morsbach wird das von Arbeit dominierte Leben von Thirza erzählt, einer Richterin am Münchner Landgericht, die sich diese Karriere hart und unter weitgehendem Verzicht auf ein Privatleben erarbeitet hat. Die Autorin unterbricht hier nicht nur die Lebensgeschichte der Protagonistin durch zahlreiche juristische Fälle, die zeigen, wie all diese Realitäten sich einem juristischen System unterordnen, das für das Menschliche wenig Platz lässt. Vor allem schlägt Morsbach immer wieder von der Darstellung äußerer Handlung ganz abrupt in die der inneren Handlung um, in Thirzas Erkenntnis, eigentlich kein Leben zu haben. Und gerade dieses Plötzliche ist das Berührende dieses Romans.

Ganz anders erzählt Anja Kampmann in «Wie hoch die Wasser steigen» von Entfremdung durch Arbeit. Ihr Protagonist war Arbeiter auf einer Ölplattform, reist nach dem Tod seines Freundes durch Europa und findet nirgends mehr Halt, nirgends einen Ausweg aus der Fremdheit. Immer wieder ist die Darstellung der ohnehin recht kargen Handlung durch Rückblenden und Assoziationen unterbrochen, auch hier bricht insbesondere die Sprache den Prosatext zur Lyrik auf. Hier gibt es keinen Sinnzusammenhang mehr, der narrativ hergestellt würde – die Brüche gehen durch die Figur, die Chronologie, die Sprache. Aber es gibt die berührende Erzählung von einem, der entfremdet aus der Welt gefallen ist.

Nicht nur das Aufeinandertreffen unterschiedlicher Sichtweisen verschiedener Figuren auf die erlebte oder erinnerte Handlung können also Irritationen und Brüche erzeugen, die die scheinbare Realität hinterfragen. Auch Brüche in der sprachlichen und erzählerischen Gestaltung können das leisten. Tomer Gardi durchbricht ebenfalls an mehreren Stellen in «Broken German» die Grenze zwischen Prosa und Lyrik, indem er die deutsche Sprache selbst zerbricht. Und auch der Handlungszusammenhang ist in diesem – dem Titel gemäß in gebrochenem Deutsch verfassten – Roman zerbrochen: Die Handlung besteht aus einzelnen durch Figuren, Orte oder Gegenstände verbundenen Strängen; Erzähler, Chronologie und Perspektive wechseln, der Erzähler unterbricht sogar mitunter sein eigenes Erzählen. Der ganze Roman ist eine Irritation.

Auch das Durchkreuzen von Erwartungen an die Handlung und die Erzählweise, die eben diese Erwartungshaltung als stereotyp entlarven, kann Teil einer Ästhetik der Irritation sein. In «Tierchen unlimited» erzählt Tijan Sila eine Migrationsgeschichte, bricht aber mit jeder Erwartungshaltung, die üblicherweise einem Roman entgegengebracht wird, der von Flucht, Asyl und Aufwachsen vor diesem Hintergrund erzählt: Migration wird hier als Groteske erzählt, die absurde Realität wird als genauso zerbrochen und absurd wiedergegeben, wie sie ist. Man muss lachen, obwohl nichts zum Lachen ist – auch in dieser Irritation liegt die Stärke des Romans.

Eine Ästhetik des Bruchs, der keine Verletzung ist, der Irritation, der Distanzierung, die ein emanzipatives Hinterfragen der Realität ermöglicht, existiert also längst. Eine solche Ästhetik kann vielleicht den Lesenden gleichzeitig emotional und intellektuell ansprechen und ein Abstumpfen von Fühlen und Denken vermeiden, indem sie durch die Brechung, durch die Irritation Berührung und Distanzierung zugleich ermöglicht. In «Berühren. Jean-Luc Nancy» schreibt Jacques Derrida unter Rückgriff auf die Schriften Nancys, dass das Berühren «die Erfahrung des Randes und des Über-den-Rand-Hinausgehens» benötigt. Berühren findet statt am Rand zu etwas oder jemand anderem. So wie die Haut als Rand des Körpers berührt werden kann, kann auch das Denken, der Sinn des anderen berührt werden. Jeder Rand ist also Grenze und Verbindung gleichzeitig, zwei Ränder können sich berühren, sie können das aber nur, weil sie auch im Moment der Nähe unterschieden sind und bleiben. Dazu bedarf es der Unterbrechung. Berühren ist keine Vereinnahmung, sie ist das Aufeinandertreffen von Rändern. Im Gegensatz dazu berührt der fortlaufende Illusionszusammenhang nicht, sondern er vereinnahmt. Aber die Brechung der Illusion kann berühren, sie lässt den Schreibenden wie den Lesenden und den zwischen ihnen stehenden Figuren Raum, Subjekte zu sein, die sich in ihrer Unterschiedlichkeit ansprechen und annähern können, ohne es zu müssen.

Und vielleicht lässt sich das zusammendenken mit der Idee der Verfremdung, des Bruchs im epischen Theater Brechts, denn selbstverständlich enthält der Roman Elemente des Dramas und seiner Theorie oder kann sie zumindest enthalten. Auch bei Brecht soll durch Verfremdungseffekte der Illusionszusammenhang unterbrochen werden, um den Zuschauer – oder den Lesenden des Dramentextes – zum Nachdenken über die Handlung und also zum Durchschauen derselben zu befähigen. Das Publikum wird so auf Distanz gehalten, um Erkenntnis über Realität erlangen zu können, statt diese einfach vorgesetzt zu bekommen. Wenn man «Unterbrechung» so denkt, dann wäre der Bruch gleichzeitig das Moment des Berührens und der Distanzierung, dann würde der Bruch gleichzeitig Fühlen und durch Distanzierung Erkenntnis ermöglichen. Und so groß der Wunsch nach Orientierung gegenwärtig sein mag, so dringend ist eine Haltung, die für die Bedeutung von Irritation, von Fragen, von Unterbrechung und durch sie ermöglichte Mündigkeit eintritt. Literatur kann das leisten, der Literaturbetrieb könnte dafür eintreten, statt aus einem Resonanzbedürfnis heraus den falschen Wunsch nach klarer Orientierung und einfachen Antworten in der Gegenwart bedienen zu wollen.

Der Literatur ist die Krise egal, die Krise betrifft die Instanzen des Literaturbetriebs. Die Literatur dagegen erfreut sich vielerorts bester Gesundheit und lässt schön grüßen.

POLITIK

Wie aus Progressiven Nostalgiker wurden

Lukas Haffert

Zu den beliebtesten Gegenwartsdiagnosen zählt die These, wir lebten in einem Zeitalter der Nostalgie. Diese präge unsere Alltagskultur, in der Fußballmannschaften in Traditionstrikots auflaufen, Hipster Obst und Gemüse einwecken und Firmen in einen Wettlauf darum treten, wer den eigenen Produkten den authentischsten Retro-Look verpasst. Sie präge zunehmend aber auch unsere politischen Debatten, in denen das Versprechen, eine vermeintlich bessere Vergangenheit wieder auferstehen zu lassen, immer größeren Zuspruch finde.

Während alltagskulturelle Nostalgie allerdings quer durch alle gesellschaftlichen Gruppen anzutreffen ist, scheint politische Nostalgie vor allem in einem bestimmten Teil des politischen Spektrums zuhause zu sein. Wer an politische Vergangenheitsverklärung denkt, denkt vermutlich zuerst an Donald Trump, der Amerika wieder groß machen möchte, an Brexiteers wie Boris Johnson, die vom vergangenen Glanz des britischen Empire träumen, und in Deutschland natürlich an die AfD, die sich «ihr Land zurückholen» will. Die Vergangenheit, so scheint es, übt ihren Zauber vor allem auf Populisten aus. Meistens auf diejenigen von rechts, manchmal aber auch auf die von links, etwa auf die Sammlungsbewegung Aufstehen, mit ihrer Sehnsucht nach dem industriellen Wohlfahrtsstaat der Nachkriegszeit.

Wer sich auf der Seite des Fortschritts und der Modernität verortet, sieht diese Verklärung der Vergangenheit naturgemäß sehr kritisch. Sehnen sich die Nostalgiker von Rechtsaußen und Linksaußen doch offenkundig nach einer Gesellschaft zurück, die zu Recht untergegangen ist. Einer Gesellschaft, in der alte, weiße Männer das Sagen und Frauen, Immigranten und Homosexuelle zu schweigen hatten, die ganze Weltteile ausbeutete und unterdrückte und die sich mit ihren unmittelbaren Nachbarn in ständigem Konflikt befand. Es mag mit purem Eigennutz erklärbar sein, dass ihre einstigen Profiteure sich nach einer solchen Gesellschaft zurücksehnen – legitim ist es sicher nicht.

Paradoxerweise hat jedoch ausgerechnet der Erfolg der reaktionären Nostalgiker auch bei vielen ihrer Kritiker eine neue Wertschätzung der Vergangenheit ausgelöst. Denn von Links bis Mitte-Rechts bestand die erste und bis heute dominante Reaktion auf die Erfolge der Trumps und Gaulands darin, sich in eine Verteidigungshaltung zu begeben und für eine Stärkung der bestehenden Institutionen einzutreten. Das Erstarken der Populisten, so hieß und heißt es allerorten, stelle einen Angriff auf die Errungenschaften der vergangenen Jahrzehnte dar; also gelte es nun zusammenzurücken und diese Errungenschaften energisch zu verteidigen. Was da genau verteidigt werden soll, ist dann allerdings häufig der kleinste gemeinsame Nenner, auf den sich alle Verteidiger verständigen können. Vor allem aber liegt dieser Nenner in der Vergangenheit.

Dementsprechend werden Wörter wie «verteidigen», «zurückgewinnen» oder «wiederherstellen» nicht bloß von Populisten verwendet, sondern zählen auch zu den Lieblingsbegriffen einer liberalen Gegenwartsdiagnostik, die ich mit dem Begriff der progressiven Nostalgie bezeichnen möchte. Progressive Nostalgiker zeichnen sich dadurch aus, dass sie einerseits feststellen, unser politisches System werde von einer tiefgehenden Krise erschüttert, als Antwort darauf aber vor allem eine Wiederherstellung des Vorkrisenzustandes vorschlagen.

Besonders populär sind solche Diagnosen natürlich in den USA, wo sie vom Wahlsieg Donald Trumps befeuert wurden. Längst hat dieser Diskurs aber auch Deutschland erreicht. In zahllosen Reportagen, Essays und wissenschaftlichen Studien versuchen akademische und journalistische Politikdeuter auf beiden Seiten des Atlantiks, die Gründe für die Krise unserer politischen Ordnung zu ermitteln und Rezepte für die Stärkung ihrer Widerstandsfähigkeit zu entwickeln. Im Zentrum dieser Analysen steht eine Verfallsgeschichte, wonach ein System, das früher einmal bestens funktioniert habe, zunehmend in die Krise geraten sei. Dementsprechend raten sie dazu, eine Rückkehr zu diesem System anzustreben. Dazu gelte es beispielsweise, «den Glauben an die Demokratie zu erneuern» (so Yascha Mounk in seinem Buch «Der Zerfall der Demokratie») oder «die Normen von gegenseitiger Achtung und institutioneller Zurückhaltung wiederherzustellen» (so Steven Levitsky und Daniel Ziblatt in ihrer vielfach ausgezeichneten Studie «Wie Demokratien sterben»).

Nicht zufällig erinnern diese Formulierungen, wie Stephan Detjen im Deutschlandfunk festgestellt hat, an einen «Beipackzettel zur politischen Lyrik eines deutschen Koalitionsvertrages». Denn dieser Diskurs über die bedrohten Erfolge der Vergangenheit wird in ganz ähnlicher Form auch von den deutschen Parteien geführt. Beispielsweise erklärte Angela Merkel 2017 zum 50. Jahrestag der Römischen Verträge, sie wolle die «Errungenschaften der europäischen Integration bewahren und verteidigen». Und in der Präambel des 2018 geschlossenen Koalitionsvertrags von Union und SPD heißt es, die Koalition wolle «das Vertrauen der Bürgerinnen und Bürger in die Handlungsfähigkeit von Politik wieder stärken». Vor allem «Vertrauen» gilt als eine Ressource, die in einer besseren Vergangenheit offenbar in größerem Maße vorhanden war und nun «zurückgewonnen» werden muss – Vertrauen in «die Parteien», «die Politik» oder sogar in «die Demokratie».

Die aus der Mitte des politischen Spektrums formulierte Kritik an den Rändern lautet also in Wahrheit nicht, dass diese Teile der Vergangenheit bewahren oder wiederherstellen wollen, sondern präziser, dass sie dabei die falschen Teile der Vergangenheit im Blick haben. Während es bei reaktionärer Nostalgie nämlich vor allem um kulturelle Normen geht, richtet sich der linksliberale Blick in die Vergangenheit auf eine bestimmte Form der politischen Ordnung und deren wichtigste Institutionen, die nun gegen die Anfechtungen eines irrationalen Populismus verteidigt werden müssen. Während sich die Rechte noch immer am Epochenbruch von 1968 abarbeitet, beißt sich ein sich selbst als progressiv verstehender Liberalismus in ähnlicher Weise am Epochenbruch von 1989 fest. Auf

Trumps «Make America Great Again» antwortet er mit einem kaum weniger emphatischen «Make Liberal Democracy Great Again» – mit einem ebenso deutlichen Akzent auf dem «again».

Nach dieser Vorstellung besteht der institutionelle Idealzustand in der Kombination einer – präsidentiell oder parlamentarisch organisierten – repräsentativen Demokratie mit einem liberalen, die Grundrechte schützenden Rechtsstaat, die alle vier Jahre von den Wählern durch die Wahl von Kandidaten und Parteien der linken oder rechten Mitte affirmiert wird. Diese 1989 triumphierende Form der liberalen Demokratie mag zwar, anders als damals von Francis Fukuyama vorausgesagt, nicht das Ende der Geschichte gewesen sein. Sie hätte es – angereichert um die seitdem erzielten Fortschritte bei der Gleichberechtigung von Frauen und Minderheiten – aber sein sollen! Die westliche Demokratie am Ende des Kalten Krieges ist für progressive Nostalgiker insofern nicht nur die beste aller bisherigen, sondern tatsächlich die beste aller möglichen institutionellen Welten. Folgerichtig können sich progressive Nostalgiker politisch-institutionelle Veränderungen nur noch als Erosion vorstellen und werden zu Konservativen im progressiven Pelz. Statt aktiv Ideen für eine Weiterentwicklung unseres politischen Systems zu entwickeln, klammern sich Linke und Liberale an die institutionelle Ordnung der Nachkriegsjahrzehnte und versuchen, diese gegen Veränderungsdruck zu immunisieren.

Diese Reaktion ist in vieler Hinsicht nachvollziehbar – wer würde unsere aktuelle institutionelle Ordnung gegen irgendeine ihr vorausgegangene tauschen wollen? Insofern ist es nur natürlich, diese Ordnung bewahren und gegen Angriffe von innen und außen verteidigen zu wollen. Diese Verteidigungshaltung kann jedoch dazu verführen, nur aus einer ganz bestimmten, letztlich rückwärtsgewandten Perspektive über die Probleme der Gegenwart nachzudenken und andere, möglicherweise produktive Denkansätze systematisch auszublenden.

Das Versprechen der Ursachenforschung

Insbesondere lädt die Perspektive der progressiven Nostalgie dazu ein, auch die Lösungen für die Probleme der Gegenwart in der Vergangenheit zu suchen. Denn wenn ein ursprünglich stabiles System in Unruhe geraten ist, dann müssen sich ja an irgendeinem Zeitpunkt Fehler in das System eingeschlichen haben, die für seine aktuellen Probleme verantwortlich sind. Progressive Nostalgiker neigen deshalb dazu, mit großer Energie die Vergangenheit nach diesen Fehlern abzusuchen. Hat man diese erst einmal aufgespürt, dann lassen sie sich nämlich abstellen, und das System kann seine Stabilität zurückgewinnen. Das Rezept lautet also, die Ursachen für die aktuellen Probleme zu erforschen, damit man diese Ursachen dann bekämpfen kann.

Polit-praktisch bedeutet eine solche Problembekämpfung vor allem, die Wähler wieder dazu zu bringen, moderate Mitteparteien zu unterstützen. Als ihre wichtigste Aufgabe betrachten es progressive Nostalgiker daher, zu verstehen, warum relevante Teile der Bevölkerung das Vertrauen in die politischen Institutionen und die sie tragenden Parteien verloren haben – und wie sie sich für diese zurückgewinnen lassen. Ohne groß darüber zu reflektieren, unterstellen sie dabei, dass die Diagnose der Gründe für den Vertrauensverlust direkt zu einer Therapie führt, mit der sich der Vertrauensverlust heilen lässt. Kennt man erst die Ursache, dann kennt man auch bald die Lösung.

Wie groß das Vertrauen in die Kraft einer solchen Ursachenforschung ist, zeigt sich eindrucksvoll in der Reaktion auf den Erfolg der AfD, der eine regelrechte Flut an Ansätzen der Ursachenforschung und Vorschlägen zur Ursachenbekämpfung ausgelöst hat. Im Wochenrhythmus veröffentlichen große deutsche Medien Reportagen, in denen versucht wird, die Motive von AfD-Wählern, insbesondere in Ostdeutschland, zu ergründen. Und in ähnlich hoher Schlagzahl erscheinen wissenschaftliche Studien, die sich mit der Frage auseinandersetzen, ob der Aufstieg des Rechtspopulismus primär ökonomische oder kulturelle Gründe hat. Tatsächlich haben die Ursachenforscher mittlerweile auch ein sehr differenziertes Bild von der Wählerschaft der AfD gezeichnet. Und doch scheinen sie der intrinsischen Relevanz ihrer eigenen Ergebnisse zu misstrauen. Denn anstatt sich darauf zu verlassen, dass ein Wissen um Ursachen für sich selbst genommen schon interessant sein könnte, enden diese Analysen häufig mit der Aufforderung, sich nun der Bekämpfung der festgestellten Ursachen zu widmen.

Wie prägend diese Argumentationsfigur ist, zeigt sich beispielhaft an Yascha Mounks bereits erwähntem Buch «Der Zerfall der Demokratie». Mounk analysiert darin nicht nur die AfD, sondern den globalen Aufstieg des Populismus, für den er drei strukturelle Ursachen ausmacht, nämlich ökonomische Abstiegsangst, Angst vor Fremden und die Veränderung der politischen Kommunikationswege durch das Internet. Nachdem er diese drei Ursachen erläutert hat, macht er konkrete Vorschläge dafür, was zur Bekämpfung des Populismus zu tun sei: ökonomische Abstiegsängste bekämpfen, Fremdenhass durch einen inklusiven Patriotismus die Spitze nehmen und eine zivilere Streitkultur in den neuen Medien etablieren.

Mounks Buch steht damit prototypisch für ein ganzes Genre von Krisendiagnosen, das der beschriebenen Struktur folgt. In diesen Büchern werden zunächst die unterschiedlichen Ursachen für das Problem des Populismus katalogisiert, danach wird für jede Ursache ein darauf zugeschnittenes Lösungsangebot unterbreitet. Die angebotenen Lösungsvorschläge bestehen dabei wahlweise in einer milden Form sozialdemokratischer Umverteilungspolitik oder in der Entwicklung eines «inklusiven Nationalismus», der niemandem wehtut. Eine derart konventionelle Form der Ursachenbekämpfung steht allerdings in keinem Verhältnis zu dem von den Autoren diagnostizierten Problem, wie der US-amerikanische Rechtsprofessor Jedediah Purdy hervorgehoben hat. Wenn wir tatsächlich in einer Situation sind, in der der «Zerfall der Demokratie» droht oder «Demokratien sterben» können (Levitsky und Ziblatt), dann ist eine sanfte Erhöhung des Spitzensteuersatzes eine bemerkenswert hilflose Antwort auf die so beschriebene Gefahr.

Dass die angebotenen Lösungen so moderat ausfallen, ist aber nur die logische Folge davon, dass sie von vornherein die Wiederherstellung der institutionellen Form von 1989 zum Ziel erklären und sich entsprechend fast vollständig auf Ursachenbekämpfung fokussieren. In Bereichen, in denen keine Ursachen zu finden sind, lohnt es sich demnach auch gar nicht, nach Lösungen zu suchen. Ob dort vielleicht Lösungen zu finden wären, die nicht dem Zurück zu einer als besser imaginierten Vergangenheit, sondern dem Aufbruch in eine zweifellos ungewisse Zukunft dienen würden, bleibt deshalb unerforscht. Progressive Nostalgiker ähneln somit Wanderern, die vom Weg abgekommen sind und denen als einzige Lösung einfällt, den gesamten Weg bis zu der Stelle zurückzugehen, an der sie falsch abgebogen sind, um dort wieder den vermeintlichen Königsweg einzuschlagen. Die Frage, ob es kürzere und schnellere Möglichkeiten geben mag, auf direktem Weg zu ihrem eigentlichen Ziel zu kommen, stellen sie erst gar nicht.

Ursachen sind keine Lösungen

Progressive Nostalgiker sind also natürliche Ursachenbekämpfer, weil eine Ursache zu bekämpfen in vielen Fällen – ob explizit oder implizit – heißt, eine Rückkehr zu der Situation anzustreben, die vor dem Auftritt der Ursache herrschte. Diese Ursachenfixierung ist noch aus zwei weiteren Gründen attraktiv. So erlaubt sie zum einen, ein ohnehin bestehendes Politikangebot zur Antwort auf den Aufstieg des Populismus zu erklären. Insbesondere in der politischen Debatte wird die mutmaßliche Ursache deshalb nur allzu gern aus der gewünschten politischen Reaktion abgeleitet. Wer schon immer der Auffassung war, der Staat müsse wieder stärker in das Wirtschaftsgeschehen eingreifen, wird keine Schwierigkeiten haben, die Ursachen des Populismus in Globalisierung und Sozialabbau zu entdecken, weil das erlaubt, höhere Spitzensteuersätze, höhere Mindestlöhne und generell mehr Umverteilung zu fordern. Wem dagegen gesellschaftliche Modernisierungsprozesse schon länger ein Dorn im Auge sind, der erkennt die Gründe für den Aufstieg des Populismus in kulturellem Unbehagen, Heimatverlust und der Diskursdominanz von Berlin Mitte, weil das ermöglicht, eine nur zähneknirschend akzeptierte Modernisierung wieder infrage zu stellen.

Zum anderen ermöglicht die Fokussierung auf Ursachen wie kaum ein anderes Motiv, die eigenen Argumente oder politischen Forderungen als tiefgründig und reflektiert zu adeln. Wer Ursachen bekämpft, darf nämlich für sich in Anspruch nehmen, sich ernsthaft mit der Komplexität eines Problems auseinandergesetzt zu haben. Wer dagegen bloß Symptome bekämpft, muss sich den Vorwurf gefallen lassen, nur an der Oberfläche herumzudoktern und allenfalls kurzfristige Erfolge zu erzielen. Weil Symptombekämpfung aber nicht an der Wurzel eines Problems ansetze, werde das Problem nach kurzer Frist in möglicherweise noch schlimmerer Form zurückkehren. Ursachenbekämpfung verspreche dagegen, ein Problem mit Stumpf und Stiel zu beseitigen. Entsprechend gehört die Forderung, «nicht bloß Symptome, sondern Ursachen zu bekämpfen», zum festen Repertoire der politischen Ernsthaftigkeitsrhetorik.

Folgerichtig wird die argumentative Gleichsetzung von Ursachenforschung mit Lösungsfindung auf beinahe jedes akute politische Problem angewendet. Die Schwächung der Gewerkschaften hat den Anstieg der ökonomischen Ungleichheit mit verursacht? Dann gilt es die Gewerkschaften zu stärken, damit die Ungleichheit wieder sinkt! Das Demokratiedefizit der Europäischen Union hat zum wachsenden Euroskeptizismus beigetragen? Mehr Demokratie wird die Europäer mit der EU versöhnen! Wachsende Staatsverschuldung hat die Handlungsfähigkeit des Staates reduziert? Die schwarze Null führt dazu, dass sie sich wieder erhöht! Vor allem die steile rhetorische Karriere der «Fluchtursachenbekämpfung» zeigt aber, wie mächtig die Vorstellung ist, erst eine Bekämpfung von Ursachen sei eine wirklich seriöse Auseinandersetzung mit einem politischen Problem.

Die hinter dieser Vorstellung stehende Annahme, gesellschaftliche Probleme ließen sich durch die Bekämpfung ihrer Ursachen lösen, wirkt auf den ersten Blick ja auch völlig einleuchtend. Und doch ist sie in vielen Fällen unberechtigt. Schon Max Weber wusste um die Grenzen dieser Logik: Auch wenn der asketische Protestantismus den Kapitalismus hervorgebracht habe, führe das Verschwinden dieses Protestantismus keineswegs zum Ende des Kapitalismus. Glücklicherweise haben sich sozialdemokratische Parteien dann auch nicht darauf verlegt, die Ursachen für den Kapitalismus zu bekämpfen, sondern sich auf seine Symptome konzentriert.

Webers Beispiel verweist bereits auf die Achillesferse der Ursachenbekämpfung: Diese stützt sich auf eine zu simple Vorstellung von der Umkehrbarkeit sozialer Prozesse. Sie unterstellt, dass man moderne Gesellschaften im Grunde wie mit einem Thermostat regulieren kann. Wird es in der Gesellschaft zu heiß, reduziert man die Hitzezufuhr, und die Temperatur geht wieder zurück. Sinkt die Temperatur zu weit, muss man die Wärmezufuhr wieder erhöhen, und die Gesellschaft kehrt in ihr Gleichgewicht zurück.

Die soziale Welt ist aber sehr viel schwieriger zu steuern als die Temperatur in einem Zimmer. Denn soziale Wirkungszusammenhänge gelten häufig nur innerhalb eines spezifischen institutionellen Kontexts. Beispielsweise ließe sich vermuten, dass starke Gewerkschaften die Ungleichheit nur dort effektiv reduzieren können, wo der Arbeitsmarkt auf eine bestimmte Weise reguliert ist. In einem deregulierten Arbeitsmarkt könnte eine Stärkung der Gewerkschaften dagegen weitgehend wirkungslos bleiben, weil schlicht der institutionelle Rahmen fehlen würde, in dem sie ihre neue Stärke würden einsetzen können.

Noch problematischer wird die Logik der Ursachenbekämpfung dort, wo die Bekämpfung einer Ursache selbst neue Gründe für den Fortbestand des Problems erzeugt, etwa in Form neuer Regeln. Ein Beispiel dafür ist der Zusammenhang zwischen öffentlicher Verschuldung und staatlicher Handlungsfähigkeit. Wer die Verschuldung durch eine Schuldenbremse bekämpft, ersetzt damit die eine Ursache für einen Mangel an öffentlichen Investitionen schlicht durch eine andere. Wo vorher Finanzmärkte und Ratingagenturen höhere Investitionen verhindert haben, schiebt nun die Verfassung einen Riegel vor.

Für Parteien, die an die AfD verlorene Wähler durch Ursachenbekämpfung zurückgewinnen wollen, kommt aber noch ein weiteres Problem hinzu: Die Gründe, aus denen Bürger sich einer politischen Bewegung anschließen, unterscheiden sich mitunter erheblich von den Gründen, aus denen sie dieser Bewegung später die Stange halten. Wer sich einer neuen Partei anschließt, entwickelt häufig emotionale Bindungen an die Partei, die sich aus ganz anderen Quellen als den ursprünglichen Motiven speisen können. Aber selbst, wenn ein Wähler keine neuen Bindungen entwickelt, sondern bloß die zu seiner Stammpartei aufgibt, wird er sich durch reine Ursachenbekämpfung nur schwer zurückgewinnen lassen. Die Ursache für den Bruch mit der Stammpartei ist in vielen Fällen eine als negativ empfundene Erfahrung – ob diese nun Hartz IV oder Flüchtlingspolitik heißt. Psychologisch wiegen solche politisch-emotionalen Enttäuschungen aber viel schwerer als die gelegentliche Verwirklichung der eigenen politischen Vorstellungen. Deshalb lässt sich die Auswirkung einer negativen Erfahrung nicht einfach durch eine spiegelbildliche positive Erfahrung neutralisieren.

Bei all diesen Problembeispielen – sei es Ungleichheit, Investitionsmangel oder Populismus – kann die Diagnose der Ursachen vollkommen korrekt sein. So lässt sich kaum bestreiten, dass die Wirtschaftspolitik der letzten 40 Jahre tatsächlich eine der entscheidenden Ursachen für unsere heutigen Kalamitäten ist. Das bedeutet aber eben nicht, dass eine Rückabwicklung dieser Wirtschaftspolitik auch zu einem Abbau der politischen Verwerfungen führen würde, weil soziale Prozesse nicht einfach umkehrbar sind. So wenig wie ein hartgekochtes Ei sich wieder in seinen Urzustand zurückverwandeln lässt, indem man es einfriert, so wenig lassen sich auch viele soziale Prozesse einfach zurückdrehen.

Statt also in der Diagnose sofort auch eine Möglichkeit zur Therapie zu sehen, wäre zunächst die Frage zu stellen, unter welchen Bedingungen die Ursachenbekämpfung gelingen kann und was für Alternativen vorhanden wären, wenn diese Bedingungen nicht erfüllt sind. Progressive Nostalgiker schließen eine Vielzahl möglicher Lösungen jedoch von vornherein aus ihrer Analyse aus, weil sie keine Antwort auf eine der Problemursachen darstellen und nicht das Ziel haben, eine als besser empfundene Vergangenheit wiederherzustellen.

Damit soll nicht gesagt sein, die Strategie, ein soziales Problem an seiner Ursache zu bekämpfen, sei prinzipiell zum Scheitern verurteilt. Natürlich gibt es immer wieder Fälle, in denen sie Erfolg haben kann. Aber wer sich auf die Suche nach Ursachen begibt, muss eben immer darauf gefasst sein, Ursachen zu finden, deren Bekämpfung weitgehend wirkungslos wäre. Statt die Ursachenbekämpfung voreilig zum allgemeinen Prinzip politischen Handelns zu erklären, sollte man sich deshalb immer fragen, ob sie im konkreten Fall erfolgversprechend ist. Ansonsten laufen Ursachenbekämpfer Gefahr, den Protestantismus zu bekämpfen, wo sie den Kapitalismus meinen.

Mangel an Phantasie

Nun wären Fehlschläge der Ursachenbekämpfung nicht weiter schlimm, wenn man gleichzeitig auch noch alternative, auf anderem Wege gewonnene Lösungsansätze verfolgen würde. Die eigentliche Gefahr der Ursachenfixierung besteht insofern darin, dass sie davon abhält, alternative, auf die Zukunft gerichtete Lösungen zu entwickeln. Problematisch wird die Politik der Ursachenbekämpfung also vor allem dann, wenn sie sich im Wunsch nach einer Wiederherstellung des Altbekannten erschöpft.

Besonders anfällig für diese Folgen der progressiven Nostalgie und des Umkehrbarkeitsoptimismus sind die deutschen Volksparteien. Sowohl die SPD als auch die CDU arbeiten sich mit Inbrunst an der Frage ab, durch welche politischen Entscheidungen sie Wähler an die Linkspartei bzw. die AfD verloren haben und welche Entscheidungen sie daher umkehren müssen, um diese Wähler zurückzugewinnen. Geradezu pathologisch ist diese Debatte in der SPD, die noch heute darüber streitet, ob die Agenda 2010, eine mittlerweile 15 Jahre alte Reform, nun rückabgewickelt werden sollte oder nicht. Mittlerweile mehren sich aber auch in der Union die Anzeichen, dass die Offenhaltung der Grenzen im Herbst 2015 ein ähnlich neurotisches Dauerthema wird.

Dabei laufen die Revisionisten in beiden Parteien Gefahr, selbst dann enttäuscht zu werden, wenn sie eine inhaltliche und symbolische Umkehr durchsetzen könnten. Denn natürlich kann auch die Aussage, die AfD sei entstanden, weil die CDU in die Mitte gerückt ist, völlig korrekt sein, ohne dass daraus folgt, die CDU könne AfD-Wähler durch einen Rechtsschwenk zurückgewinnen. Tatsächlich hat die CDU fast alle liberalen Positionen in der Flüchtlingspolitik seit dem Jahr 2016 wieder kassiert, ohne dass dies den Aufstieg der AfD sichtbar verlangsamt hätte. Möglicherweise würde ein Rechtsschwenk der CDU die AfD sogar weiter stärken, weil er ihren Positionen zusätzliche Legitimität verleihen würde.

Ob dies tatsächlich der Fall wäre, kann dahingestellt bleiben. Viel sinnvoller wären nämlich ohnehin zwei andere Strategien: Anstatt die Ursachen für die Abwanderung ihrer Wähler zu bekämpfen, könnten die Volksparteien einerseits versuchen, diesen Ursachen die politische Relevanz zu nehmen; andererseits könnten sie sich aber auch bemühen, die Auswirkungen der Stimmverluste abzumildern. Während die erste dieser Strategien neue Themen in den Mittelpunkt stellen würde, ginge es bei der zweiten Strategie darum, neue institutionelle Lösungen zu entwickeln.

Neue Themen zu forcieren hieße für die Volksparteien, sich von den Debatten über die Ursachen ihrer aktuellen Schwierigkeiten zu lösen und stattdessen Konflikte auf die politische Agenda zu bringen, die es ihnen ermöglichen, sich neu zu profilieren. Das ist im Grunde eine altbewährte Strategie: Wenn Parteien bei einem bestimmten Thema nicht als kompetent oder glaubwürdig empfunden werden, versuchen sie, andere Themen ins Zentrum der politischen Aufmerksamkeit zu rücken, mit denen sie bessere Chancen haben. Vorbildlich gelingt eine solche Verschiebung der Kampfzone etwa der amerikanischen Kongressabgeordneten Alexandria Ocasio-Cortez, die mit für amerikanische Verhältnisse radikalen Vorschlägen zur sozialen Gerechtigkeit immer wieder öffentliche Debatten initiiert, anstatt bloß reflexhaft auf die neuesten Provokationen aus dem Weißen Haus zu reagieren. Diese Strategie derart erfolgreich betreiben zu können, setzt allerdings voraus, dass man über geeignete Themen verfügt – oder, wenn man das noch nicht tut, dazu in der Lage ist, solche Themen zu entwickeln.

Wer allerdings progressiver Nostalgie anhängt und davon ausgeht, dass sich die besten Antworten auf gegenwärtige Probleme in der Vergangenheit finden lassen, dem wird es schwerfallen, solche Themen zu entwickeln. Eine bloße Modernisierung der politischen Angebote der Vergangenheit wird nämlich kaum ausreichen, die politische Debatte in eine neue Richtung zu lenken. Dafür wäre stattdessen die Bereitschaft notwendig, einen Bruch mit liebgewonnenen Traditionen zu riskieren. Vor allen Ansätzen, einen solchen Bruch zu wagen und ein ganz neues Thema ins Zentrum des politischen Konflikts zu rücken (etwa das bedingungslose Grundeinkommen oder ein Europa der zwei Geschwindigkeiten), sind die deutschen Parteien jedoch bislang sehr schnell zurückgeschreckt.

Neue Themen zu entwickeln hätte also letztlich dasselbe Ziel wie Ursachenbekämpfung: auch in Zukunft ein Parteiensystem zu erhalten, in dem zwei Volksparteien miteinander um die Regierungsführung streiten. Auf neue institutionelle Lösungen zu setzen, hieße hingegen, zu akzeptieren, dass das Parteiensystem der alten Bundesrepublik Geschichte ist, und kreative Möglichkeiten dafür zu entwickeln, wie effektives Regieren unter diesen neuen Bedingungen möglich ist. In dieser Perspektive ist die wichtigste Veränderung der Parteienlandschaft nicht der Aufstieg der extremen Rechten, sondern die Zersplitterung des Parteiensystems. Noch dramatischer als der Zugewinn der AfD war bei der Bundestagswahl 2017 ja der (seitdem ungebremst voranschreitende) Verfall der Volksparteien, die zusammen fast 14 Prozentpunkte verloren. In Zukunft dürfte unser Parteiensystem trotz Fünfprozenthürde zunehmend dem der Niederlande ähneln, in dem selbst die drei größten Parteien zusammengenommen keine Mehrheit der Wählerstimmen mehr auf sich vereinen.

Neue institutionelle Lösungen zu entwickeln, hieße vor diesem Hintergrund, die Organisation des Regierens diesem zersplitterten Parteiensystem anzupassen. Denn die Zersplitterung erzeugt ja insbesondere deshalb Probleme, weil die informellen Normen unserer Regierungsbildung auf der Vorstellung basieren, dass eine große Partei für die Dauer mindestens einer

Legislaturperiode mit einer kleinen Partei koaliert. Dabei sind ganz verschiedene Ansätze denkbar, sich von dieser Annahme zu lösen. Um hier nur eine einzige konkrete Frage aufzuwerfen: Welche Rechtfertigung gibt es noch dafür, einer einzelnen Partei das mit großer Machtfülle und Repräsentationskraft ausgestattete Amt eines Regierungschefs zuzugestehen, wenn keine Partei mehr als 25 Prozent der Stimmen erreicht (schon heute Status Quo in mehreren Bundesländern)? Zumal, wenn diese Partei nur um ein oder zwei Prozentpunkte stärker ist als ihr nächstgrößter Koalitionspartner? Oder wenn die kleineren Koalitionspartner einander ideologisch näherstehen? Können wir uns in solchen Situationen Regierungsmodelle mit wechselnden Regierungschefs vorstellen? Mit mehreren Regierungschefs? Ganz ohne Regierungschef (wie in der Schweiz)?

Es ist leicht, eine solche Frage als Spinnerei abzutun. Aber wird sie der Realität heutiger Wahlergebnisse wirklich weniger gerecht als ein Parteiensystem, das sogar vor der viel weniger radikalen Option einer Minderheitsregierung zurückschreckt – und dem als einzige institutionelle Antwort auf den fragmentiertesten Bundestag seit 1949 eine neuerliche Große Koalition einfällt?

Die in Nostalgie verharrenden Volksparteien sind jedoch nicht einmal bereit, solche Fragen auch nur zu stellen. Stattdessen klammern sie sich an die Vorstellung, sie könnten die Wähler dazu bringen, ihnen wieder Wahlergebnisse von über 30 Prozent zu bescheren, was irgendwann wieder einen Wechsel zwischen Regierungen der linken und der rechten Mitte möglich machen würde. Die SPD wird daher natürlich auch 2021 wieder einen – vorhersehbar aussichtslosen – Kanzlerkandidaten aufstellen, statt die von Torsten Albig bereits 2015 aufgeworfene Frage nach dem Sinn einer solchen Strategie aufzunehmen. «Zurück zum Parteiensystem des Jahres 2002!», heißt die Devise. Wo die Wählerbewegungen herkommen sollen, die eine solche Entsplitterung ermöglichen, ist dabei völlig unklar. Wenn Nostalgie darin besteht, sich irrational an die Erinnerung an eine vermeintlich bessere Vergangenheit zu klammern, dann ist sie hier zur vollen Blüte entwickelt.

Aber auch die Phantasie der anderen Parteien und der politischen Kommentatoren scheint sich weitgehend in der Vorstellung zu erschöpfen, die Rolle der Kanzlerpartei der linken Mitte könnte von der SPD auf die Grünen übergehen. Statt des Spitzenkandidaten der SPD lädt man dann die Kandidatin der Grünen zum TV-Duell ein, ansonsten bleibt alles beim Alten. Auf die Idee, dass mit dem Ende des Dualismus der Volksparteien vielleicht auch eine Veränderung der Regierungsorganisation einhergehen könnte, kommt dabei offenbar niemand.

Angesichts der Begeisterung, mit der fast alle Akteure sich an die existierenden Institutionen klammern, mag die Strategie, den Problemen durch institutionelle Reformen die Schärfe zu nehmen, in einem stabilitätsverliebten Land wie Deutschland zum Scheitern verurteilt sein. Vielleicht ist es deshalb sinnvoller, zu versuchen, neue Themen zu entwickeln. Beide Strategien hätten aber gemeinsam, dass sie auf die Zukunft und nicht auf die Vergangenheit bezogen wären. Keine der beiden Strategien möchte etwas «wiederherstellen» oder «zurückgewinnen» – stattdessen hätten sie das Ziel, neue politische Konflikte oder neue institutionelle Lösungen zu entwickeln, die bislang noch keine Rolle gespielt haben. Ursachenforschung ist etwas für Historiker, wäre das Motto, dem eine solche politische Strategie folgen würde. Die Zukunft dagegen ist offen, sie ist gestaltbar, und sie kann und muss anders aussehen als die Vergangenheit.

Debattenhoheit zurückgewinnen

Ein solcher Strategiewechsel könnte den liberalen und progressiven Kräften auch dabei helfen, aus der strukturellen Defensive zu kommen, in die sie in unserer politischen Debatte geraten sind. In dieser Defensive befinden sie sich deshalb, weil sie sich Veränderung – außerhalb des eng begrenzten Bereichs der Identitätspolitik – nur noch als Verlust vorstellen können. Die Institutionen der liberalen Demokratie müssen verteidigt, ihr Verfall durch Ursachenbekämpfung verhindert werden. Das gibt dem gesamten Projekt einen zutiefst defensiven Charakter. Dagegen ist die radikale Rechte freudig bereit, institutionelle Veränderung offensiv als Chance zu begreifen. Das zeigt sich nirgendwo deutlicher als beim Brexit. Natürlich ist dieser selbst nichts anderes als eine besonders unerfreuliche Form der – in diesem Fall reaktionären – Nostalgie. Unabhängig von seiner inhaltlichen Bewertung repräsentiert er aber eben auch die Vorstellung, dass ein Aufbrechen der bestehenden institutionellen Ordnung möglich ist und Chancen bieten kann. Die Institutionen von 1989 (bzw. Maastricht-Lissabon) sind nicht das Ende der Geschichte, sie können verändert und – jedenfalls aus Sicht entschiedener Brexiteers – verbessert werden. Diese Vorstellung scheint der Linken auf ihrem Marsch durch die Institutionen zunehmend abhandengekommen zu sein.

Die Antwort der liberalen und progressiven Kräfte auf die Herausforderung von rechts sollte sich daher nicht darin erschöpfen, jegliche Veränderung von vornherein abzulehnen. Stattdessen müsste sie darin bestehen, die Prämisse, dass Wandel möglich ist, zu übernehmen, aber sinnvollere konkrete Reformangebote zu entwickeln. Bislang hat ihre Reaktion auf die institutionelle Abrissbirne der Rechtspopulisten jedoch vor allem darin bestanden, die Mauern der bestehenden Institutionen zu verstärken, anstatt eine eigene Agenda der Reform und Weiterentwicklung anzubieten. Der einzige prominente politische Akteur, der eine solche positive Agenda der Veränderung zu entwickeln versucht hat, war Emmanuel Macron – vermutlich nicht zufällig jemand, der seine Macht selbst einer Umwälzung bisheriger Institutionen zu verdanken hat. In Deutschland ist bislang jedoch nicht einmal die SPD fähig oder willens gewesen, dieses Angebot aufzunehmen und zu nutzen, um selbst wieder in die institutionenpolitische Offensive zu kommen.

Mit der aggressiven Veränderungsbejahung der Rechtspopulisten und der zutiefst defensiven Veränderungsangst der Linken und Liberalen kommt es in unserer politischen Debatte zu einem bemerkenswerten Rollentausch. Schließlich waren es historisch fast immer linke und progressive Kräfte, die für institutionelle Veränderungen eintraten, mehr Demokratie wagen oder den Nationalstaat überwinden wollten, während rechte und konservative Kräfte sich dafür einsetzten, das vermeintlich Bewährte zu verteidigen. Heute hingegen sind es plötzlich wieder bestimmte Konservative, die nach einer «konservativen Revolution» rufen. Vielleicht liegt gerade in diesem Rollentausch die erschreckendste der vielzitierten Parallelen zur Weimarer Zeit.

Die progressiven Kräfte müssen also versuchen, sich aus ihrer nostalgischen Fixierung auf die institutionelle Ordnung von 1989 zu lösen. Das Regierungssystem der BRD, das nach dem Mauerfall noch zwei Jahrzehnte weiterexistieren konnte, als sei nichts geschehen, ist endgültig an sein Ende gelangt. Eine Welt, in der zwei moderate politische Lager in regelmäßigem Wechsel eine stabile Politik der Mitte betreiben, kommt – jedenfalls vorerst – nicht zurück. Und politische Programme, die nur unter den Bedingungen dieser institutionellen Ordnung funktionieren, sind zum Scheitern verurteilt. Die meisten Vorschläge zur Ursachenbekämpfung, die von progressiven Nostalgikern so engagiert vorgetragen werden, haben deshalb nur geringe Erfolgsaussichten, selbst wenn sie implementiert werden könnten.

Stattdessen wäre es dringend nötig, aus der Falle der progressiven Nostalgie herauszukommen und einen anderen Umgang mit den Herausforderungen der Gegenwart zu entwickeln. In manchen Fällen wird das heißen, Probleme zu akzeptieren und zu versuchen, einen möglichst erträglichen Umgang mit diesen zu entwickeln. Statt Ursachenforschung wäre also Symptombekämpfung angesagt.

Vor allem aber heißt es, den Kampf um die besten Ideen für eine Neugestaltung unserer institutionellen Ordnung aufzunehmen. Damit würden die progressiven und liberalen Kräfte auf ein Spielfeld zurückkehren, auf dem sie eigentlich Heimvorteil haben. Denn die Vorstellung, die institutionelle Ordnung der Gegenwart sei nur ein Zwischenschritt auf dem Weg zu einer besseren Zukunft, zählt eigentlich zu den progressiven Grundüberzeugungen. Diese Überzeugung hat verloren, wer institutionellen Catenaccio spielt und bei jeglichem Ruf nach institutionellen Veränderungen sofort Foulspiel reklamiert.

KUNST

Schön ohne Schein

Annekathrin Kohout

Schlechte Kunst

Wenn ich durch Ausstellungen gehe, die zeitgenössische Kunst zeigen, dann sage ich gerne mal mit gespieltem Entsetzen: «Das ist aber schlechte Kunst!» Meine Stimme verzerrt sich dabei ein wenig, weil ich diesen Satz natürlich mit Augenzwinkern und ironischem Unterton ausspreche, ihn aber eigentlich – um ehrlich zu sein – völlig ernst meine. Warum ich etwas ernst meine, es aber ironisch formuliere? Weil ich das Gefühl habe, es gehört sich nicht, Kunst explizit schlecht zu finden. Dann würde man ja werten, klassifizieren, hierarchisieren – und damit auch diskriminieren. Uncool ist es sowieso: «Wir leben im 21. Jahrhundert! Ist doch egal, was gute oder schlechte Kunst ist! In der Kunst darf man alles!», höre ich schon die Kommentare. Ich sehe das aber anders. Ich und viele andere wollen Kunst nämlich wieder ganz unironisch gut oder schlecht finden, hässlich oder schön.

Dieses Bedürfnis hat bereits die gesamte Kultur erfasst. Eine

Bekannte führte kürzlich eine Tattookette aus, wie man sie als Teenager in den 1990er Jahren trug. Ich sagte: «Ist ja eine lustige Anspielung, diese Kette.» Sie: «Das ist aber nicht ironisch gemeint!» Auf Twitter las ich: «Wer geht mit mir unironisch zu einem Tokio Hotel Konzert?» Und als ich dann Sophie Passmanns Instagram-Profil besuchte, auf dem sie ein «ironiefreies Selfie» veröffentlicht hatte, wurde mir bewusst, dass es ein neues Distinktionswerkzeug gibt, mit dem angezeigt wird, dass man cool ist. Dass es angesagt ist, unironisch zu sein, passt auch zu den vielen journalistischen Artikeln, in denen die sogenannte Dauerironie beklagt und ihre Überwindung gefordert wird. Sie tragen aber trotzdem Titel wie «Jetzt mal im Ernst» oder «Glauben Sie mir, ich meine das alles sehr ernst». Haha, wie ironisch. In einem ZEIT-Artikel («Nicht lustig!») wurde sogar diagnostiziert, dass die Ironie ihre Unschuld verloren habe – und unangemessen sei in einer Welt mit «IS, AfD, Norbert Hofer, Donald Trump».

Dass gegenwärtig eigens gekennzeichnet wird: «Das ist jetzt aber nicht ironisch gemeint!» ist ein Symptom für die allgemeine Sehnsucht nach einer neuen Ernsthaftigkeit. Diese Sehnsucht ist überall präsent, wenn es auch offenbar noch nicht möglich ist, das ironische Sprechen tatsächlich zu überwinden. Es gibt ein Instagram-Profil mit dem Titel «The Worst Of The Worst», und aus der Profilbeschreibung geht hervor, dass es sich um eine Art Kunstkritik handeln soll. Bilder zeitgenössischer Kunstwerke werden mit Stockfotografien von gähnenden, würgenden oder wütend dreinblickenden Menschen kombiniert – und damit kommentiert. Eine Malerei von Thomas Scheibitz, auf der ein abstrahiertes Fenster zu sehen ist, löst bei einer Frau Gähnen aus. Angesichts eines ebenfalls überwiegend abstrakten Bildes (es besitzt Füße ...) von Eliza Douglas hält sich eine andere Person die Nase zu: Das stinkt! Wieder andere bekommen Brechreiz beim Anblick der Werke zeitgenössischer Kunst, etwa bei Arbeiten von Christian Jankowski oder Martin Eder.

Hier wird also keine Kritik betrieben, die gute und schlechte Kunst identifizieren und voneinander unterscheiden soll, sondern eine Haltung gegenüber Kunst zelebriert. Ich deute das als Befreiungsschlag, mehr noch: als Konventionsbruch. Die Lust daran, Kunstwerke offensiv an- und mit Photoshop in sie einzugreifen, sie vorzuführen und ihnen ihre Wirkmacht abzuerkennen, ist eine Reaktion auf den vormals ehrfürchtigen Umgang mit Kunst als Teil der vermeintlichen Hochkultur. Als man sich leise und andächtig – auf Sicherheitsabstand zur Kunst – durchs Museum bewegen und alles, was es zu betrachten gab, für bedeutungsvoll halten musste. Natürlich kommt es immer noch vor, dass einen böse Blicke treffen, wenn man im Museum die Stimme erhebt oder gar lauthals über ein Objekt zu lachen beginnt. Aber ein Blick auf die unzähligen, immer partizipativeren Vermittlungsprogramme genügt, um zu bemerken, dass diese Konvention längst nicht mehr zeitgemäß ist. Das genannte Instagram-Profil weist seine Betrachter darauf hin, dass sie offensichtlich in das, was ästhetisch abstoßend, ja schlichtweg hässlich ist, noch immer aus irgendwelchen Gründen irgendeinen Wert oder eine höhere Bedeutung hineinprojizieren. Diese Haltung stößt mittlerweile aber an ihre Grenzen. Aufschlussreich ist in dieser Hinsicht auch das noch populärere Instagram-Profil «Renoir Sucks At Painting».

Die Genugtuung, mit der dort seit 2015 die Bilder von Auguste Renoir als ‹hässlich› abqualifiziert werden, ist ansteckend. Der Humor entsteht durch Übertreibung: Bilder werden in den Kommentaren als «aesthetic terrorism» bezeichnet, Malereien an der Museumswand wird der Stinkefinger hingehalten, und die Betreiber gehen sogar mit Protestplakaten gegen den impressionistischen Künstler auf die Straße.

Derartige Instagram-Profile zeichnen das Bild einer modernen und zeitgenössischen Kunst (also einer Kunst, die sich nicht mehr überwiegend über einen Begriff von Schönheit und ihre handwerkliche Virtuosität definiert), die einfach nur ‹schlecht› ist. Wobei ‹schlecht› – das lässt sich aus den Reaktionen wie Erbrechen, Verständnislosigkeit und Gähnen schließen – nach landläufiger Meinung hässlich, unverständlich und langweilig bedeutet. Ein ästhetisches Empfinden also, das bisher nur bei Leuten vorherrschte, die nicht in die Geheimnisse der etablierten Kunstwelt eingeweiht, nicht mit der Kunsttheorie seit dem 18. Jahrhundert vertraut waren, weil sie über keinen bildungsbürgerlichen Hintergrund verfügten. Ja, nur das ‹gemeine Volk›, diese Ungebildeten und dem Massengeschmack Verpflichteten fanden moderne und zeitgenössische Kunst immer schon hässlich und wünschten sich schöne, dekorative Bilder. Kurzum: all jene, von denen sich Kunstschaffende und -rezipienten (ob gewollt oder versehentlich) immer auch abgegrenzt haben.

Nun betreiben aber nicht mehr nur die Laien, sondern auch die Eingeweihten (wie die Betreiber der genannten Instagram-Profile) unorthodoxe Kritik. Die Strategie, innerhalb der etablierten Kunstwelt gezielt die Perspektive des Unkundigen einzunehmen, hat verschiedene Gründe. Neben dem Konventionsbruch geht es auch um die Inszenierung einer individuellen und authentischen Perspektive auf Kunst, in dem Sinne: «Jetzt sind wir aber mal ehrlich: Dieses Werk löst eigentlich gar keine Emotionen aus, regt nicht zum Nachdenken an, und hässlich ist es auch. Wir verstehen das nicht und könnten das doch endlich zugeben, anstatt es ‹interessant› finden zu müssen.» Es ist demnach ein Bekenntnis, etwas soll offen zugegeben werden; eine Rhetorik, um sich als ehrlich und authentisch zu erweisen.

Allerdings bleiben solche Bekundungen bislang meist noch ironisch gebrochen. Zwei lustige Malereipaletten-Emojis flankieren die Profilbeschreibung von «The Worst Of The Worst», damit wird deutlich gemacht, dass die harsche Reaktion doch nicht so ganz ernst gemeint ist. Man erwägt offenbar noch nicht, dem eigenen Bekenntnis (‹Diese Kunst ist hässlich/langweilig/banal›) auch den nötigen Nachdruck zu verleihen. Trotzdem zeugt der allmähliche Gesinnungswandel von einem Überdruss an bestimmten Formen moderner und zeitgenössischer Kunst. Und zwar solchen Formen, die einst besonders dafür gelobt wurden, sich dem klassischen Kriterium bloßen Schön-Seins zu verweigern. Dazu gehören verschiedene Spielarten abstrakter Kunst, Readymades, Found Footage, Installations- oder Performancekunst. Aber auch, das darf eigens erwähnt werden, weil es mit dem Schönen verwechselt werden könnte: Kitsch. Es ist demnach ein Überdruss an – zusammengefasst und im weitesten Sinne – hässlicher Kunst festzustellen. Zugleich geht dieser Überdruss mit einer Sehnsucht nach schöner Kunst einher.

Wenn ich in den letzten Jahren junge Künstler interviewt habe, ist dabei IMMER der Begriff ‹Schönheit› gefallen. Doch

IMMER zeugten die Gespräche auch von einem gebrochenen Verhältnis zur schönen Kunst. Einfach nur ‹schöne Bilder› wolle man natürlich nicht machen: Kunst soll also nicht bloß schön, geschweige denn gefällig sein. Aber irgendwie ist es schon wieder OK, etwas zu machen, das man sich gerne an die Wand hängt, das also doch irgendwie ‹schön› ist. Überhaupt, mal wieder schöne Kunst zu machen, das hätte man schon öfter überlegt. Nach all der hässlichen, wilden Malerei oder Installations- und Konzeptkunst. Aber, das wendete kürzlich eine befreundete Künstlerin zu Recht ein, es sei deutlich schwieriger, schöne Kunst zu machen als hässliche Kunst, weil ja selbst schöne Bilder als hässlich oder ironisch gelten können.

Es drängen sich also folgende Fragen auf: Wie können Kritiker Kunst wieder ‹gut› oder ‹schlecht› finden, ohne damit gleichzeitig zu diskriminieren? Wie können Künstler wieder ‹schöne› Kunst machen, ohne dabei als banal oder oberflächlich zu gelten? Und wie können Betrachter endlich wieder etwas frei von Ironie schön oder hässlich finden, ohne sich intellektuell unterlegen fühlen zu müssen? Diese Fragen können nur beantwortet werden, wenn man nachvollzieht, warum und wie sich die ästhetischen Kategorien ‹schön› und ‹hässlich› erst umcodiert und dann aufgelöst haben – wie die Kunst sich einst von dem Ideal der Schönheit verabschiedete und ‹hässlich› wurde.

Hässliche (deutsche) Kunst

«Die Beschränktheit, der billige Effekt, die Falschheit, die schwer durchschaubare Dunkelheit, das unentschiedene Schwanken, die Trägheit», schreibt Alexander Gottlieb Baumgarten in

«Aesthetica» (1750–1758), «das sind die Unvollkommenheiten jeder Erkenntnisart. Soweit sie zur Erscheinung kommen, entstellen sie die sinnliche Erkenntnis ganz allgemein.» Schon in diesem Gründungstext der modernen Ästhetik glaubt der Autor zu erkennen, dass «hässliche Dinge als schöne gedacht werden» können. Folgt man Friedrich Schlegel, so beginnt die Konjunktur des Hässlichen als eigene ästhetische Qualität – und nicht nur als Gegensatz zum Schönen, der überwunden werden muss – mit der Kunst des ausgehenden 18. Jahrhunderts. In seinem Aufsatz «Über das Studium der Griechischen Poesie» (1795–1797) beklagt er die «vorübergehende Krise des Geschmacks» seiner Gegenwart, die in «entarteter Kunst» zu verschiedenen Arten des Hässlichen führe. Dennoch fragte sich auch Karl Rosenkranz, der 1853 die erste «Ästhetik des Häßlichen» verfasst hat, ob es überhaupt erlaubt ist, einen so «unangenehmen und abscheulichen Gegenstand so gründlich zu untersuchen». Doch dann sieht Rosenkranz auch das Positive am Hässlichen, ist es doch eine Bedingung für das Komische. Aber in dem Moment, wo das Hässliche komisch wird, geht es wieder in den Bereich des Schönen ein. So bleibt schließlich auch bei Rosenkranz das Hässliche immer in Relation zum Schönen. Die Argumentation verläuft übrigens gegenteilig zu der meiner befreundeten Künstlerin: Während es ihr unmöglich erscheint, schöne Kunst zu machen, alles Schöne demnach am Hässlichen ausgerichtet und ihm unterworfen ist, kann sich Rosenkranz keine hässliche Kunst vorstellen, denn in dem Moment, wo das Hässliche Kunst wird (z. B. im Komischen), ist es schön. Daran zeigt sich deutlich, wie sehr ‹hässlich› ‹schön› als Wert- und Leitbegriff für die Kunst ersetzt hat, wenn auch beide Begriffe dieselbe Funktion erfüllen: Distinktion. Was am Leitbegriff ausgerichtet ist, gilt als besser, ist cool und mehr wert, alles andere wird von dieser positiven Bewertung ausgeschlossen.

Mit Darstellungen von Entstellten, Arbeitern, Trinkern und Dirnen gewinnt das Hässliche in den realistischen Strömungen des 19. Jahrhunderts Bedeutung. Hier galt es, den Idealismus der Vergangenheit zu überwinden und das Ganze des Daseins und der Welt zu erfassen: nicht nur Schönes, sondern auch Hässliches. Das Hässliche wird zum politischen Instrument, um die sozialen Missstände zu beklagen. Sicherlich eines der populärsten Beispiele für diese Entwicklung ist Gustav Courbets Gemälde «Begräbnis in Ornans», das im Pariser Salon von 1850–51 für Aufsehen sorgte, da es auf sieben Metern Länge ein alltägliches Begräbnis mit gewöhnlichen (hässlichen) Menschen in der französischen Provinz zeigt. Ein so üppiges Format war damals eigentlich Herrschafts- und Historienbildern vorbehalten. Das Spektakuläre dieses Bildes bestand also nicht nur in seinen ‹hässlichen› Figuren, sondern auch darin, dass diese für das Hauptstadtpublikum und in den Medien bis dahin kaum Thema waren, weil das Bürgertum dieses reale Elend in seinen Safe Spaces als störend empfand.

Im 19. Jahrhundert wird Hässlichkeit also zum Zeugnis des ‹echten Lebens› – im Kontrast zur Schönheit als Darstellung eines Ideals, das gar nicht existiert. Das Schöne wird, untermauert durch die aufkommende Konsumkultur, zum bloßen Schein, zur Lüge, und das Hässliche rückt in Deutschland ins Zentrum einer (männlichen) Intellektuellenkultur. So ist Hässlichkeit für den Schriftsteller Heinrich Hart «ein notwendiger

Gegenschlag gegen die schwächliche Überzierlichkeit, Weibischkeit und schönfärberische Verschwommenheit», wie es in seinem Aufsatz «Der Kampf um die Form in der zeitgenössischen Dichtung» von 1890 heißt. In der bildenden Kunst scheint man des Schönen in dieser Zeit zudem überdrüssig geworden zu sein – nicht zuletzt dank konkurrierender Medien wie der Fotografie, durch die sich die Wirkung schöner Kunst gewiss deutlich reduzierte. In diesem Sinne bemerkt Wilhelm Dilthey 1882, dass der Künstler zwangsläufig in die Nähe des Hässlichen geraten müsse, wenn er starke Reize auslösen wolle, und schlägt kurzerhand vor, der Ästhetik nicht länger «einen Begriff der Schönheit als Maßstab zugrunde» zu legen.

Auch innerhalb des aufkommenden Expressionismus und der Abstraktion wird das Hässliche aufgewertet und zum Ausdruck von Wahrhaftigkeit stilisiert – allerdings keiner äußeren, sondern einer inneren, nicht der sozialen, sondern der ‹emotionalen› Wahrhaftigkeit. So begründete zum Beispiel Franz Marc seine künstlerische Tendenz zum Abstrakten mit dem Ziel, den Dingen, die er malt, eine ‹reine› Form zu verleihen: «Bäume, Blumen, Erde, alles zeigte mir mit jedem Jahr mehr häßliche, gefühlswidrige Seiten, bis mir die Häßlichkeit der Natur, ihre Unreinheit voll zum Bewußtsein kam», schreibt er 1915 in einem Brief an seine Frau Maria. Das Unreine, Hässliche galt nun als ‹rein›, ursprünglich und authentisch, wohingegen das ehedem Schöne mit seinen idealisierten Darstellungen, besonders im Kontext von Werbung und Konsum, zunehmend als ‹Kitsch› abgewertet wurde. Anders als mit dem ‹schönen Schein› kann mit hässlicher Kunst der Anspruch auf Echtheit reklamiert werden. Das hat man, nebenbei bemerkt, erstens schon recht früh als affektiert und zweitens als spezifisch deutsch empfunden: «Die deutschen Künstler, insoweit sie nicht von französischer Kunst beeinflußt sind, fürchten den Kitsch so sehr, daß sie bis zu seinem Gegenpol fliehen und das Häßliche, den häßlichen Gegenstand und die häßliche Bildoberfläche suchen, um nur ja sicher zu sein, nicht dem Gefälligen zu verfallen», schreibt der Künstler Julius Wolfgang Schülein 1931.

Nicht-gefällige, ‹echte› Kunst ist in Deutschland ab dem ausgehenden 19. Jahrhundert hingegen von einer zweifachen Hässlichkeit geprägt: dem ‹Hässlichen› im Sinne des ästhetischen Diskurses (der Machart von Bildern und Skulpturen) und dem körperlich ‹Hässlichen› als Ausdruck und Folge moralischer Hässlichkeit. Es ging nicht mehr nur um die hässliche Kunst, sondern auch um hässliche Menschen bzw. das hässliche Menschenbild, das dann unter der Herrschaft der Nationalsozialisten als «entartete Kunst» vorgeführt wurde. Abgelehnt wurden vor allem die Werke des Expressionismus und Dadaismus, der Neuen Sachlichkeit, des Surrealismus und Kubismus – solche also, die formal und motivisch nicht dem nationalsozialistischen Schönheitsideal, nicht der «Deutschen Kunst» entsprachen. Bei «entarteter Kunst» wurden gezielt ästhetische und moralische Urteile miteinander gekoppelt. Deutschland und Hässlichkeit stehen also in einer besonderen Verbindung zueinander. Umgekehrt etablierte sich nicht erst nach dem Zweiten Weltkrieg der deutschlandfeindliche Topos vom «hässlichen Deutschen» als eines moralisch verwerflichen Menschen.

Es gibt einen aufschlussreichen Plot, den Georg Baselitz immer benutzt, um sich als Sonderling innerhalb der Entwicklung der Malerei in der Nachkriegszeit darzustellen. Nach 1945 hätten seine Künstlerkollegen begonnen, sich an der amerikanischen Pop Art zu orientieren, wohl um sich damit von der deutschen/europäischen Tradition abzuwenden. Demgegenüber war Baselitz' Gestus, an die expressionistische Hässlichkeit anzuknüpfen (neben Georg Baselitz zählen in den 1980er Jahren auch die «Jungen Wilden» dazu), ein regelrechtes Bekenntnis zum hässlichen Deutschen. Bei Baselitz kam zweierlei zusammen: Er malte im körperlichen Sinne ‹hässliche› Figuren und distanzierte sich bewusst von amerikanischen Trends, schönen Pin-Up-Girls und verheißungsvollen Konsumwelten. Darüber hinaus orientierte er sich an der Tradition der künstlerischen Avantgarde, deren Vertreter mit dem Hässlichen Authentizität und Komplexität erzeugten und sich als Nonkonformisten ansahen (das zeigt sich in seinen expressionistischen Stilmitteln). Es mag etwas mit Stolz zu tun haben und durchaus heroisch anmuten, die damit verbundenen Angriffe und Vorurteile (gegenüber der Kunst, aber auch gegenüber dem Deutschsein) auszuhalten. In Baselitz' Haltung kommt aber auch ein masochistisches Schuldeingeständnis zum Vorschein, das als ziemlich starke Coolness-Geste rezipiert wurde. Unerwähnt bleiben soll auch nicht, dass das Kokettieren mit dem Bösen noch immer eine überwiegend männliche Macho-Geste ist.

Schöne hässliche Kunst

In einem Künstlergespräch anlässlich einer großen Retrospektive in Basel 2018 merkte Baselitz an, dass er lange Zeit keinen Gefallen an zeitgenössischer E-Musik finden konnte. «Entsetzlich, ganz entsetzlich ...» habe er das alles gefunden; nun aber, da er wisse, worum es bei dieser Musik gehe, habe sich seine Meinung geändert: Um solche «entsetzlichen», also hässlichen Werke gut, ja um sie schön finden zu können, müsse man gebildet sein. Daher sei der Zugang zu ihnen so beschränkt, so elitär. Das gleiche gelte für bildende Kunst. Es gibt also ein ästhetisches und ein intellektuelles ‹hässlich› und ‹schön›, die meist in Opposition zueinander stehen. Wie hässliche Bilder oder Musik als ‹schön› wahrgenommen werden, können umgekehrt schöne Bilder als hässlich gelten – als Kitsch.

Besonders hellsichtig ist in diesem Zusammenhang ein kurzer Text von Max Brod: «Über die Schönheit hässlicher Bilder» von 1913. Darin erzählt er in beschwingtem Ton von einem Ausstellungsbesuch mit seiner Frau in einem Künstlerhaus. Die Bilder dort, erinnert sich Brod, versetzten ihn in blankes Entsetzen: «Aber das ist doch lauter Kitsch! Wie kann Ihnen so etwas gefallen?», soll er ausgerufen haben. Stattdessen sah er sich lieber die sperrigen bronzierten Dampfheizungen an, die zwischen den Werken installiert waren. Seine Frau allerdings war entzückt von dem, was sie dort gesehen hatte, und überzeugte ihren Gatten schließlich sogar von der Schönheit der vermeintlich hässlichen, weil kitschigen Bilder. Dieser geriet fortan ins Schwärmen, er liebe «die Behaglichkeit, die bewußtlose Grazie schlechter Bilder, diese Ironie, die von sich selbst nichts weiß, diese Eleganz der unbeabsichtigten Effekte. Wie ärmlich stellen sich seriöse Bilder daneben dar, die den Geist des Beschauers in eine einzige, vom Künstler eben gewollte Richtung drängen. Sie sind so eindeutig, so vollkommen, so häßlich ... die schönen Bilder.» In diesen Zeilen von Brod deutet sich eine affirmative Perspektive auf die hässlich-kitschigen Bilder an, die besonders für zwei der wichtigsten Impulsgeber der Kunst des 20. und bisherigen 21. Jahrhunderts von zentraler Bedeutung ist: das Prinzip ‹Readymade› und die Pop Art. Sie basieren auf einer dritten Perspektive auf Bilder; sie nehmen, sagen wir, das Bild eines Sonnenuntergangs nicht als schön wahr, auch nicht als hässlich-kitschig, sondern als schön-kitschig. Durch sie werden die ehedem als ‹hässlich›, nun aber als ‹schön› klassifizierten kitschigen Bilder und Objekte der Alltags- und Warenwelt in die Kunst aufgenommen. In beiden Genres geht es zwar um Strategien der Aufwertung – während das Readymade eine Anerkennung der Macht der Kunst, ja ihrer Fähigkeit darstellt, selbst die banalsten Objekte unermesslich im Wert zu steigern, erkennt die Pop Art die Macht der populären Bilder an: ihre Fähigkeit, Aufsehen zu erregen und das kollektive Gedächtnis, die Gesellschaft und politische Meinungsbildung zu prägen. Doch zugleich erheben sich die Künstler über das zitierte Objekt oder die zitierte Ästhetik. Wenn Andy Warhol ein berühmtes Porträt von Marilyn Monroe als Siebdruck unzählige Male in verschiedenen Farben reproduziert und es in einer Galerie oder im Museum zeigt (und sich nicht einfach ein Foto von ihr an die Pinnwand hängt), stellt er damit sicher, dass alle bemerken, dass er eine dritte Perspektive auf das Banale oder den Kitsch eingenommen hat – es schön-kitschig und nicht nur-schön findet.

Mittlerweile hat sich diese dritte Perspektive auf das Schöne, die man schon 1913 (!) bei Max Brod erkennen konnte, nicht nur in allen Lebensbereichen etabliert – sondern sie hat sich damit auch erschöpft. Es gab im letzten halben Jahrhundert wahrscheinlich KEINE Groß- oder Themenausstellung ohne Readymades oder pop-artige Kunstwerke. Noch folgenreicher ist die Tatsache, dass diese ursprünglich künstlerischen Strategien mittlerweile auch in der Netzkommunikation gang und gäbe sind. Wo sich immer mehr mit Bildern ausgetauscht wird, wo private Fotoalben tagtäglich auf Instagram gezeigt werden (und insofern man Follower hat und behalten will: gezeigt werden müssen), wo die Herstellung und Bearbeitung von Bildern sehr schnell und kostengünstig möglich ist – da helfen gerade die Strategien aus der Kunst im Umgang mit Referenzen. Was einst hauptsächlich in der Kunst, freilich auch in ihren angewandten Bereichen wie Design und Werbung und mit Verfahren wie dem Readymade, der Pop Art und der Appropriation Art praktiziert wurde, wird gegenwärtig also von jedem angewendet, der sich etwa mit einem Mem oder einem anderen Internetphänomen an der Kultur der Sozialen Medien beteiligt.

Hatte im vergangenen Jahrhundert die Kunst Gegenstände, Ästhetiken und Strategien der Alltags- und Popkultur affirmiert und kopiert, werden diese nun wiederum von der Alltags- und Popkultur des Internets einverleibt. Und während Vertreter der Pop Art oder der Verfahrensweise des Readymade die ‹niedere› Massenkultur aufwerteten, kehren nun Betreiber von Profilen wie «The Worst Of The Worst» oder «Renoir Sucks at Painting» dieses Prinzip um und werten die ‹hohe› Kultur ab. Wolfgang Ullrich sprach 2016 sogar von einem «Bildersozialismus». In Analogie zum politisch-philosophischen Begriff des Sozialismus seien die Produktionsmittel, die der Herstellung und dem Vertrieb von Bildern im Netz dienen, nicht mehr exklusiv. Und es gebe sogar Phänomene, die davon zeugten, dass die Entwicklung eines Bildersozialismus mit einer Eroberungsfreude verbunden sei. So werden berühmte Werke der Kunstgeschichte parodiert, mit anderen bekannten oder tagesaktuellen Motiven kombiniert oder mit Texten unterlegt und schließlich als Meme verbreitet. Nutzer Sozialer Medien bemächtigen sich dieser Bilder dabei mit Genugtuung, können sie doch endlich an Meisterwerke der Kunstgeschichte, die sie immer nur mit distanzierter Ehrfurcht betrachten durften, Hand anlegen: sie nicht für bedeutungsschwer, sondern für lustig/banal/einfach befinden und der Mona Lisa eine Sonnenbrille aufsetzen, ihr Dekolleté vergrößern, ihr Haar zerzausen oder ihr ein Smartphone in die Hand drücken.

Auf diese Entwicklung hat die zeitgenössische Kunst bisher kaum reagiert, sie verfolgt weiterhin die altbekannte Strategie der (Hyper-)Affirmation und kopiert bzw. affirmiert nun, was die Netzkultur (unter Einverleibung ebenjener Kunststrategien) hervorbringt. Daher ist es nicht mehr notwendig, zeitgenössische Kunst eigens für ‹gut› zu befinden. Überhaupt stelle ich fest, dass man sich mit einem Bekenntnis zu zeitgenössischer Kunst kaum noch profilieren kann – zumindest nicht mehr als mit Modeerscheinungen oder sogar ausgewählten Bildern, Gifs, Memen etc. im Netz. Um zu beweisen, dass man zu einem bestimmten Milieu gehört, sich als intellektuell begreift, braucht man keine hässliche Kunst mehr – vielmehr nutzt man dazu den Hinweis auf «Ugly Instagram»: Zwischen all den Beauty-, Fitness- und Lifestyle-Profilen gibt es ganze Szenen, die ausschließlich hässliche Bilder veröffentlichen. Damit nehmen sie eine Funktion ein, die vor nicht allzu langer Zeit Werke der bildenden Kunst hatten. Kunst hat hier deshalb als Instrument der Distinktion ausgedient. Sie wird meistens auch nur noch dann zum Thema, wenn sie explizit politisch daherkommt oder als gezielter Beitrag zu einer gegenwartsdiagnostischen Debatte verstanden werden soll – nicht jedoch, weil sie durch eine besondere Ästhetik besticht. Das haben Künstler, Kuratoren und Kritiker natürlich längst bemerkt und sehnen sich deshalb nach einer über alles erhabenen Schönheit zurück. Die Frage ist nun, wie Schönheit in der Kunst ästhetisch und intellektuell möglich sein kann, ohne – erstens – als ‹hässlich› (kitschig) rezipiert zu werden und – zweitens – antiquiert und rückschrittlich zu sein. Wie kann eine neue, vierte Perspektive auf Schönheit verwirklicht werden, mithilfe derer Kunstwerke unmittelbar als schön empfunden, aber zugleich die Existenz der anderen Perspektiven mitreflektiert werden? Wie kann die Wahrnehmung von Schönheit unschuldig, dabei aber nicht naiv sein?

Comeback oder Vorstoß?

In den vergangenen Jahren gab es verschiedene Versuche von Künstlern, Kuratoren, Kritikern, diese Frage zu beantworten. So charakterisierte der amerikanische Kunstkritiker Jerry Saltz die Haltung der neuen Künstlergeneration wie folgt: «Es ist eine Haltung, die sagt: ‹Ich weiß, dass meine Kunst albern wirkt, vielleicht sogar dämlich, oder dass das Gleiche schon gemacht worden ist, aber das bedeutet nicht, dass ich es nicht ernst meine.›» Diese neuartige Verbindung von Ironie und Ernsthaftigkeit, die auch hierzulande seit einigen Jahren beobachtet werden kann, ist das zentrale Merkmal einer Geisteshaltung, die Robin van der Akker und Timotheus Vermeulen als «metamodern» bezeichnet haben. Sie habe den Kunstbetrieb längst erobert: Eine Galeristin eröffnet ihre neue Ausstellung mit den Worten «Die Arbeiten beinhalten sowohl Enthusiasmus als auch Ironie – auf der Suche nach einer Eindeutigkeit ohne die Erwartung sie zu finden»; ein Kulturkritiker beobachtet die Entstehung eines «Romantischen Konzeptualismus»; wieder andere entdecken den «Remodernism» oder «The New Weird Generation» oder eine «New Sincerity». Die «Metamoderne», so die Definition von Akker und Vermeulen, oszilliere zwischen Moderne und Postmoderne. Sie schwinge zwischen den Polen des Globalen und Lokalen, zwischen Konzept und Material, zwischen postmoderner Ironie und moderner Begeisterung, zwischen Hoffnung und Melancholie, zwischen Naivität und Wissen, Empathie und Apathie, Totalität und Fragmentierung, Reinheit und Ambiguität. Das Oszillieren ist aber keine Balance, so die Autoren, sondern ein «Pendel»: Immer, wenn der Enthusiasmus der Metamoderne in Richtung Fanatismus ausschwingt, würde ihn die Gravitation zurück zur Ironie ziehen.

Die metamoderne Haltung ist der Versuch, sich dem Empfinden von Schönheit wieder anzunähern – und zwar mit einer gewissen Ernsthaftigkeit. Aber eben nicht mit absoluter Ernsthaftigkeit, denn Ironie steht als Notbremse weiterhin zur Verfügung. Das ist auch nachvollziehbar, denn freilich soll eine nur naive und deshalb rückschrittliche Perspektive vermieden werden. Man möchte zeigen, dass man nicht einfach nur wieder Ernst machen will, sondern eine Ernsthaftigkeit anstrebt, die sich vom einstigen Bierernst unterscheidet. Trotzdem verhindert die Ironie eine Unschuld, die es bräuchte, um tatsächlich wieder ernsthaft etwas schön zu finden. Denn bei der Ironie bleibt das Verhältnis von Gesagtem und Gemeintem unklar, die Interpretation bewusst in der Schwebe. Deshalb steht die ironische Position schon länger in der Kritik, weil sie die Unmöglichkeit einer endgültigen Interpretation taktisch ausnutzt und sich damit unangreifbar macht. Denn jeder Einwand kann mit einem Verweis auf die jeweils andere Deutung hinfällig gemacht werden, womit man sich der Verantwortung entzieht. David Foster Wallace empfand die Effekte der Ironie deshalb schon 1993 (in seinem Essay «E Unibus Pluram») als abgenutzt: «Die Ironie tyrannisiert uns. Sie ist ebenso mächtig wie unbefriedigend geworden, weil sie sich stets alle Optionen offenhält.» Der Ironiker ist eben auch jemand, der manipuliert, sich absichtlich nicht festlegt oder präzisiert.

Nun stellt sich die Frage, ob die Metamoderne nicht nur ein Übergangsphänomen beschreibt, ob es sich dabei also um einen Emanzipationsversuch von den Paradigmen der Postmoderne, der Ironie und Hässlichkeit handelt – ohne diese aber wirklich aufgeben zu müssen. Und wenn das so ist, was kommt danach (bzw. ist schon da, aber noch unbemerkt)? Wie kann Kunst wieder wirklich, richtig, echt als schön empfunden werden – und nicht nur ironisch gebrochen? Geht das überhaupt?

Dass wir Kunst nicht wirklich, richtig, echt als schön empfinden können, liegt daran, dass sich das Gegensatzpaar ‹schön› und ‹hässlich› aufgelöst hat. Deshalb spielen Geschmacksbegriffe und Werturteile für die Kunst heute überwiegend keine Rolle mehr. Der Grund für diese Auflösung liegt darin, dass sich ästhetische Diskurse von politisch-moralischen Diskursen entkoppelt haben – in Deutschland vor allem nach dem Zweiten Weltkrieg. Man wollte aus demokratischen Gründen nicht länger von ‹schön› und ‹hässlich› sprechen, geht es dabei doch immer auch um eine moralische Bewertung im Sinne von ‹gut›, ‹besser›, ‹erhaben› auf der einen und ‹schlecht›, ‹unterlegen›, ‹böse› auf der anderen Seite. Muss es demnach zu einer neuen Kopplung von ästhetischen und moralischen Urteilen und Diskursen kommen, damit wieder etwas ernsthaft – und nicht nur ironisch – als schön empfunden werden kann? Muss ‹schön› wieder gleichbedeutend sein mit ‹gut›? Ich wünschte, die Frage wäre hypothetisch. Aber tatsächlich hat eine solche Entwicklung bereits eingesetzt.

Besonders innerhalb der politischen Kunst werden moralische und ästhetische Diskurse gegenwärtig wieder zusammengeführt. Exemplarisch ist in dieser Hinsicht das «Zentrum für politische Schönheit» – zum einen, weil die hier versammelten Kunstaktivisten die neue Koppelung schon im Namen tragen, zum anderen, weil ihre Aktionen gezielt an das Gewissen der Zuschauer und Rezipienten adressiert sind. So wurden bei der Aktion «Die Toten kommen» von 2015 im Mittelmeer ertrunkene Geflüchtete exhumiert und in Berlin beerdigt. Bei der Aktion «Flüchtlinge fressen – Not und Spiele» von 2016 wurden Geflüchtete sogar aufgefordert, sich im Widerstand gegen das deutsche Aufenthaltsgesetz (§ 63 Abs. 3) von Zootieren fressen zu lassen. Als Manifest der Gruppe gilt das 2015 veröffentlichte Buch ihres Gründers Philipp Ruch: «Wenn nicht wir, wer dann?». Darin beklagt er, dass es unserer Zeit und den Parteien an «Größe, Visionen, Mut und Schönheit» fehle. Er sei ganz «sprachlos» angesichts der «politischen Blindheit für das

Schöne». Wie sehr Ruch den ästhetischen Begriff ‹Schönheit› mit konkreten Moralvorstellungen verbindet, wird nicht nur deutlich, wenn er «Schönheit und Seelengröße» (was auch immer damit gemeint sein soll) in eins setzt, sondern vor allem, wenn er fordert, wir sollen uns von allem trennen, «was uns hässlich macht». Darunter, so Ruch weiter, «fallen toxische Vorstellungen ebenso wie korrupte Waffenfabriken.» Hier wird zum ersten Mal seit langer Zeit ‹hässlich› und ‹korrupt› im etablierten Kunstbetrieb wieder zusammengedacht. Ich betone ‹im etablierten Kunstbetrieb›, weil er eben tendenziell politisch links ausgerichtet ist, während solche Koppelungsversuche in der rechten Szene seit jeher pausenlos unternommen werden.

Dabei ist die moderne und zeitgenössische Kunst ein überaus beliebtes Angriffsziel der Rechten: abstrakte Kunst, Readymades, Pop Art, Found Footage, Installationskunst oder Performancekunst – aber auch zeitgenössischer Tanz. Heute werden die Aversionen gegenüber der etablierten Kunst vor allem im Internet artikuliert. «Die Wahrheit über Moderne Kunst» nennen sich etwa Videos auf YouTube, in denen Kunst vorgeführt und für hässlich und bedeutungslos erklärt wird. Dabei tauchen immer wieder dieselben Werke auf: Kasimir Malewitschs schwarzes Quadrat auf weißem Grund («Das Schwarze Quadrat», 1915), Marcel Duchamps Pissoir («Fountain», 1917) oder das unaufgeräumte Bett von Tracey Emin («My Bed», 1998). Die rechte Kritik an der ‹hässlichen Kunst› entspringt jedoch nicht der bloßen Langeweile an den sich permanent wiederholenden künstlerischen Strategien, nicht dem Überdruss an all den künstlerischen Ästhetiken, die sich nun auch in der Alltagskultur breitmachen. Vielmehr ist sie Schachzug in einem

Kulturkrieg: In seinen weltweit populären Videos will Paul Joseph Watson, ein Vertreter der Neuen Rechten, systematisch aufzeigen, wie moderne und zeitgenössische Kunst zum «Schlachtfeld» des «postmodernen Krieges gegen die absolute Wahrheit» geworden ist und zum Ausdruck eines «gestörten Glaubens, einfach alles könne zur Kunst erklärt werden». Er bezieht sich damit auf jene Diskurse, die eine Auflösung der Grenze zwischen ‹hoher› und ‹niederer› Kultur – und damit auch wertender Begriffe wie ‹schön› und ‹hässlich› – forderten. Denn, was häufig in Vergessenheit gerät, aber bis heute für die Rezeption von Kunst relevant ist: Die Überbrückung des Grabens zwischen ‹high› und ‹low› – mit Leslie Fiedler gesprochen –, Kunst und Nicht-Kunst, wurde im Zeichen von Demokratie und Gerechtigkeit geführt. Jede Art Grenzziehung, Abwertung und Diskriminierung sollte überwunden werden. In «The Arts and the Mass Media» sprach sich Lawrence Alloway 1958 explizit für eine Massenkunst aus. Warum? Da Massenkunst, so der Kritiker, «urban und demokratisch» sei. Die Texte und Theorien der frühen postmodernen Autoren legen die programmatische Forderung nach einer weltoffenen, pluralistischen Gesellschaft nahe. Distinktion sollte da gerade vermieden werden – ebenso wollte man auf Bestimmungen von ‹gut› und ‹schlecht›, ‹schön› und ‹hässlich› verzichten, handelt es sich bei derartigen Begriffen doch oft um Wertungen mit moralischen Implikationen. Indem der Nationalsozialismus das Hässliche und Deformierte ausradieren wollte, schloss er von der ästhetischen Dimension auf eine ethisch-moralische Verfasstheit, erkannte im Missgestalteten und Hässlichen also das Böse, Schreckliche, Ekelhafte, Schamlose, Niedrige und

Gemeine. Diese fragwürdige Koppelung sollte in der Postmoderne überwunden werden.

Watson richtet sich ausdrücklich gegen die postmoderne Programmatik. Er geht gezielt gegen sie vor, indem er zeitgenössische Kunst aus ihrem Kontext herausreißt. In einem Video mit dem Titel «The Truth About Modern Art» fragt er seine Zuschauer: «Warum wird moderne Kunst, die von Schönheit inspiriert ist, zugunsten von Müll ignoriert?» Er blendet Bilder von Kunstwerken ein, die für Müll, oder Müll, der für Kunst gehalten werden könnte, um Ununterscheidbarkeit zu suggerieren. «Habt ihr schon mal die Tate Modern in London besucht? Das riesige Gebäude voller Metall-Schrott, Stein-Blöcke und Urinale? Sie nennen es ein Kunstmuseum!» Schließlich zeigt Watson zwei Detailaufnahmen, auf denen Hundekot in einer Tüte sowie Hundefutter im Napf zu sehen ist. «Wie sieht das aus?», fragt er. «Nach Hundekot und Hundefutter?»

Das Aufbegehren gegen die hässliche, unverständliche Kunst – und für das Schöne – ist auch Gegenstand des von Mario Alexander Müller, dem Anführer einer rechts-identitären Gruppierung in Halle, verfassten und 2017 in Götz Kubitscheks Antaios-Verlag erschienenen Buches «Kontrakultur». Dort heißt es vorwurfsvoll, die zeitgenössischen Künstler führten einen «Kampf gegen das Schöne und die Exzellenz.»

Sowohl das «Zentrum für politische Schönheit» als auch die rechte Kunstkritik sehnen sich nach einer Renaissance der Gegensätze und Wertungen (nicht nach einer Umbewertung!). Insofern ist ihnen die Rückkoppelung an den moralischen Diskurs Mittel zum Zweck, um eine Objektivierung der ästhetischen Urteile, eine klare Unterscheidbarkeit überhaupt zu ermöglichen. Wohlgemerkt ist dabei die neue Rechte einem Schönheitsbegriff verpflichtet, der rückwärtsgewandt ist und weit vor der Moderne verortet werden muss, und der die verschiedenen hier skizzierten Perspektiven auf Schönheit nicht mitreflektiert.

Auch im etablierten Kunstbetrieb ist unter ‹guter Kunst› zusehend weniger eine ästhetisch ansprechende oder intellektuell interessante, als eine moralisch einwandfreie Kunst zu verstehen. Hat man etwa die 1976 entstandene Arbeit «Bus Riders», für die die Künstlerin Cindy Sherman verschiedene Buspassagiere unterschiedlicher Geschlechter und Ethnien nachstellte, bis vor einigen Jahren noch überwiegend für gut befunden – nicht zuletzt wegen ihrer formalen Qualitäten und dem für Sherman typischen Spiel mit verschiedenen Rollen und Identitäten –, fordert man seit 2015, die Bilder der Öffentlichkeit zu entziehen. Der Vorwurf lautet, sie würde schwarze Passagiere klischeehafter und plumper darstellen als weiße. Auch wird darüber debattiert, ob ‹Black Facing› nicht generell diskriminierend ist. Das heißt: Hier liegen primär moralische Argumente vor, die es ausschließen, dieses Kunstwerk für gut zu befinden.

Gute Kunst

Ich möchte nicht, dass sich Ästhetik und Moral wieder miteinander koppeln. Aber ich möchte dennoch werten dürfen. Nein, ich MUSS werten, hierarchisieren, priorisieren – um überhaupt etwas verständlich zu machen, seien es Preise oder das Konzept einer Ausstellung. Der Wunsch nach Wertungen, einer Bestimmung von ‹schön› und ‹hässlich› oder ‹gut› und ‹schlecht›, ist ganz und gar nicht verwerflich, sondern unbedingt erstrebenswert – wenn es auch leichter ist, auf dem sicheren Boden der Ironie zu urteilen. Der Rückzug auf die Ironie hat nachvollziehbare Gründe, ist die Gefahr, die von einer Koppelung von ästhetischen und moralischen Urteilen ausgeht, doch insbesondere in Deutschland eine hochsensible Sache. Keinesfalls nur aus diesem Grund sollte ein wenig mehr Vorsicht, oder sagen wir lieber: Behutsamkeit an den Tag gelegt werden, wo Kunst moralisiert wird – egal aus welcher Richtung. Wir sollten weniger für jene Kunst eintreten, die der Sehnsucht nach Ernsthaftigkeit dadurch zum Ausdruck verhilft, indem sie über ‹gute› und ‹schlechte› Handlungen, Entwicklungen oder Menschen richtet. Auch, nein, gerade deshalb muss Distinktion seitens der Kunstkritik wieder ein legitimer Vorgang sein. Es muss darum gehen, Ästhetik und Moral weiterhin voneinander zu trennen, ohne jedoch zugleich jegliche Wertung zu untersagen. Freilich muss sich die Bewertung (zumindest im Idealfall) dann auch auf eine wie auch immer geartete Qualität der künstlerischen Arbeiten richten – und nicht auf das, was die Arbeit zum Thema hat, oder, noch schlimmer, auf diejenigen, die jene Arbeit befürworten oder sich dagegen aussprechen.

Schöne Kunst könnte etwa eine Malerei sein (ich habe hier ein konkretes Bild im Blick), auf der schöne Dinge und schöne Farben und schöne Formen zu sehen sind. Sie ist deshalb aber keineswegs kitschig und insofern auch keine programmatische Gegenbewegung zur Ironie. Denn die schönen Elemente werden auch immer wieder gebrochen und insofern überhaupt erst als solche kenntlich gemacht. Auf dieser Malerei ist eine schwarze männliche nackte Figur zu sehen, sie ist mit bunten Blumen verziert, wie tätowiert oder von einer halbtransparenten Tapete überzogen. Sie steht vor einer gelben Wand, auf rotem Fußboden und neben einem alten Tisch, auf dem eine Vase platziert ist, die – besonders im Kontrast zum Tisch – futuristisch anmutet. Die Vase besteht aus unzähligen Kanten, ihre Fläche schimmert in vielfarbigen Regenbögen, ist höchst technoid – vor allem im Gegensatz zur Zimmerpflanze, die aus ihr herauswächst. Das ist das schönste Moment des Bildes: wie das makellose Naturobjekt aus der Designervase ragt. Rechts unten befindet sich, angeschnitten, eine flauschige Katze von hinten, die den Gegenpol zum sonst durchweg glatten und aus Oberflächen bestehenden Gemälde darstellt. Das Bild ist nur latent surreal (eine Zimmerpflanze wächst üblicherweise nicht aus einer Vase) und ermöglicht damit sowohl eine Identifikation mit der Situation, dem Bildraum, als auch großen gedanklichen Spielraum. Diese Malerei wertet den Schönheitsbegriff dadurch auf, dass sie dem Schönen wieder (intellektuelle) Komplexität zugesteht – und es nicht nur als Oberfläche und Schein diskreditiert. Zwar muss man sich nicht an dem Bild abarbeiten oder gar zwingen, es anzusehen (wie es eventuell bei einigen hässlichen oder langweiligen Bildern der Fall wäre), aber auch die Betrachtung dieses Gemäldes ist ein Prozess, ein Mitmachen bei einem freien improvisierten Spiel. Man kann Referenzen erkennen, Assoziationen zulassen und muss sich nicht schlecht fühlen, etwas nicht verstanden zu haben. Diese Malerei ist dadurch, nebenbei bemerkt, weitaus unprätentiöser und egalitärer als Kunst, die sich Alltagsphänomene und Populärkultur aneignet. Ihre Distinktion geht von der Könnerschaft aus – technisch und in der Identifikation abwechslungsreicher, überraschender Motive. Der Blick auf das Dargestellte ist unschuldig, aber keinesfalls naiv: Die einzelnen Bildteile, ob Mensch oder Gegenstände, sind, wie sie sind, werden aber in der Zusammenstellung bewusst zurechtgerückt. Es ist eine selbstbewusste schöne Kunst. Das liest sich unspezifisch oder gar langweilig? Vielleicht. Aber es bereitet, das versichere ich, eine große Freude, diese Malerei zu betrachten.

POPMUSIK

Kartoffelsalat zum 3. Oktober

Daniel Gerhardt

Der Abend begann mit der Ansprache einer antifaschistischen Aktivistin und endete erst, als Campino sein T-Shirt ausgezogen hatte. 65 000 Menschen waren laut Polizeiangaben am 3. September 2018 auf einem Parkplatz in der Nähe des Chemnitzer Karl-Marx-Denkmals zusammengekommen, um sich das wahrscheinlich wichtigste Ereignis des vergangenen deutschen Popjahres anzusehen: ein Spontanfestival mit Musikern und Bands wie Casper und Marteria, Kraftklub, Feine Sahne Fischfilet und eben Campino samt T-Shirt und seiner Toten Hosen. Die Stadt hatte zu diesem Zeitpunkt bereits einige hitzige Tage hinter sich. Am frühen Morgen des 26. August war es im Rahmen eines Volksfests zu einer gewalttätigen Auseinandersetzung gekommen, an deren Ende ein Deutschkubaner tot auf dem Boden lag. Die Staatsanwaltschaft erhob später Anklage wegen Totschlags gegen zwei Geflüchtete aus Syrien und Irak.

Ein diffuses Bündnis aus ausländer- und islamfeindlichen Menschen, besorgten und wütenden Bürger*innen, AFD-Wähler*innen und -Politiker*innen, Fußballhools und Neonazis bestimmte nach der Tat tagelang das Chemnitzer Stadtbild. Sie trauermarschierten durch die Innenstadt und hielten Mahnwachen ab. Sie skandierten aber auch faschistische Parolen, prügelten sich mit Gegendemonstrant*innen, bedrohten Journalist*innen, jagten, von der Polizei weitgehend unbehindert, asylsuchende und ausländisch anmutende Menschen durch die Straßen und zeigten den Hitlergruß – kurzum das hässlichste Gesicht, das Deutschland zu bieten hat.

Dann aber kam Campino. Gemeinsam mit einigen der populärsten deutschen Bands und Musiker*innen organisierten die Toten Hosen ein Konzert, das den Bildern von Hass und Mob eine Botschaft von Weltoffenheit und Willkommenskultur entgegensetzen sollte. Betrachtet man die nackten Zahlen, war die Veranstaltung unter dem Motto #wirsindmehr ein voller Erfolg: Fast dreimal so viele Besucher*innen wie erwartet machten den namensgebenden Hashtag zur selbsterfüllenden Prophezeiung. Am Ende besang sich die Menge selbst mit der Stadionhymne «You'll Never Walk Alone». Campino gab den Anpeitscher aus der Fankurve und hielt sein zusammengerolltes T-Shirt wie einen Fußballschal in die Höhe.

Lässt man die ästhetischen Implikationen dieser Abschlussszene einmal außen vor, könnte man meinen: ein Gratisfestival gegen rechte Gesinnung und Gewalt, unter großem Zeitdruck und Engagement aller Beteiligten aus dem Boden gestampft, symbolträchtig am Ort des schändlichen Geschehens durchgeführt – was gibt es daran schon auszusetzen, wenn man nicht gerade Nazi ist? Wie sich in den Tagen und Wochen danach zeigen sollte: doch eine ganze Menge. Nicht nur rechtspopulistische und -extremistische Organisationen wie Pro Chemnitz und Thügida ordneten #wirsindmehr in vorhersehbarer Weise als Propagandaevent einer deutschlandfeindlichen linksliberalen Meinungsdiktatur ein. Auch das bürgerliche Lager witterte Vaterlandsverrat und monierte den Auftritt der Punkband Feine Sahne Fischfilet, über die es im Verfassungsschutzbericht des Landes Mecklenburg-Vorpommern einst hieß, sie vertrete eine «explizit anti-staatliche Haltung».

Schon aussagekräftiger als diese Beißreflexe: #wirsindmehr stieß auch dort auf Widerstand, wo eine explizit anti-staatliche Haltung zum guten Ton gehört. Einige linke Aktivist*innen aus Sachsen, alltagserprobt im Umgang mit Neonazis, betrachteten die Veranstaltung als medienwirksame Eintagsfliege. Ein Schulterklopfen unter Freunden und Gleichgesinnten, das viel Partytourismus generierte, aber den Menschen vor Ort nicht nachhaltig weiterhalf. (Ein Vorwurf, der inzwischen dadurch widerlegt scheint, dass die Veranstalter von #wirsindmehr am 4. Juli 2019 mit dem Festival «Kosmos Chemnitz – Wir bleiben mehr» in die zweite Runde gingen.) Auch die unsensible Zusammensetzung des #wirsindmehr-Programms geriet in die Kritik: Schließlich standen überwiegend jene weißen, männlichen Musiker auf der Bühne, die auch sonst immer auf der Bühne stehen, wenn irgendwo in Deutschland ein Popfestival stattfindet. War das Solidarität, die sich über die Köpfe der unmittelbar Betroffenen hinweg äußerte? Zeigte sich selbst im Protest gegen Rechts noch das alles erdrückende «Herrenmenschentum», wie es die Musikerin und Popjournalistin Kerstin Grether nannte, das die deutsche Popmusik ohne jedes Bewusstsein für oder Interesse an den eigenen Privilegien dominiert? Und musste Campino wirklich wieder beweisen, dass er noch den ernstesten aller Anlässe zum Fußballspiel umdeuten kann?

Ein Jahr danach blickt man zurück auf #wirsindmehr und fragt sich, was die ganze Aufregung überhaupt sollte. Aufmerksame Beobachter*innen des deutschen Popbetriebs hätte weder die Veranstaltung selbst noch die im Anschluss geführte Debatte überraschen dürfen. Beide waren so dermaßen typisch deutsch – vom Auslöser über die Umsetzung bis zur daran geäußerten Kritik –, dass eigentlich nur noch eine Verfilmung der ganzen Geschichte von Til Schweiger und Matthias Schweighöfer fehlt. Warum aber ist es so schwer für hiesige Musiker*innen, mit klaren Positionen einen breiten gesellschaftlichen Konsens herzustellen, selbst wenn es um etwas Grundsätzliches geht wie die Solidarität mit den Angehörigen eines Getöteten und den Opfern rechter Gewaltausbrüche? Wieso werden weibliche, queere, nicht-binäre oder auch migrantische Perspektiven bei der Suche nach diesen Positionen noch immer häufig ausgeschlossen? Und weshalb erschöpfen sich die Diskussionen über all das sowohl in klassischen wie auch sozialen Medien meist im Abspulen jahrelang antrainierter und verfestigter Positionen, die keine gedankliche Bewegung mehr erlauben?

Die Musiker hinter #wirsindmehr schienen schon vorher zu ahnen, was auf sie zukommen würde. In einer merkwürdigen Pressekonferenz redeten sie das eigene Engagement klein und flüchteten sich in Heimeligkeitsfloskeln. «Keine Schaufensterscheibe darf hier zu Bruch gehen», gab Campino als eines der Ziele für den Abend aus. Felix Brummer, Sänger von Kraftklub und gebürtiger Chemnitzer, fügte hinzu, man sei nicht so naiv zu glauben, dass sich die Welt mit einem Konzert retten ließe.

Aber manchmal sei es wichtig, dass man sich nicht alleine fühle. «You'll Never Walk Alone» eben. Die Genügsamkeit und Verzagtheit, die aus dieser Aussage sprechen, sind bezeichnend für Popmusik in Deutschland. Denn gerade das müsste sie haben: den aberwitzigen Glauben daran, dass man die Welt mit einem Konzert retten kann. Diesen Glauben hat sich die deutsche Popmusik selbst ausgetrieben. Oder austreiben lassen? Das gilt es nun zu klären.

Der offizielle Gesichtsausdruck der deutschen Popmusik

Popmusik ist genauso alt wie die Frage, was sie zu bedeuten hat. In keiner anderen Kunstform geht es so wenig darum, was die Musiker*innen tun und so sehr darum, was die Hörer*innen in dieses Tun hineininterpretieren. Pop ist immer auch die Erwartung, die mit ihm verknüpft, und die Forderung, die an ihn gestellt wird. Ein Spiel mit der Konstruktion und Entschlüsselung von Mythen, das natürlich von den Popschaffenden selbst ausgeht, aber mindestens ebenso häufig und aufschlussreich von deren Publikum betrieben wird. Wie kommt das Publikum zu dieser Unverschämtheit? Wahrscheinlich, indem es Pop als Gebrauchsgegenstand begreift. Popmusik ist Wegwerfmusik, eine niemals endende Aneinanderreihung von Momentaufnahmen. Flüchtigkeit und Schnelllebigkeit werden ihr immer wieder angekreidet, etwa um die Überlegenheit von Jazz oder Klassik zu beweisen. Wer so argumentiert, hat jedoch gar nichts verstanden. Gerade in ihrer kurzen Halbwertszeit liegt eine große Stärke von Popmusik.

Fast alle Eigenschaften, die gemeinhin als Kennzeichen schlechter Kunst gelten, erhalten im Pop eine zweite Chance. Durch dilettantisches Handwerk, den gezielten Einsatz von Kitsch und Klischees, geklaute Ideen und sonstige Hochstapelei ist es der Popmusik immer wieder gelungen, sich größer und wichtiger zu machen, als sie tatsächlich ist. Einmal kurz aufplustern, grandiose Statements raushauen und dann wieder verschwinden – die besten Popsongs schaffen das in weniger als drei Minuten. Hinzu kommt ihre unklare Verortung zwischen Kunstwerk und Warencharakter: ein Spannungsfeld, in dem sich Möglichkeiten für revolutionäre, nonkonforme und sonst wie querulante Ideen ergeben. Solche Ideen passen zwar selten zu dem hart umkämpften Marktumfeld, in dem sie formuliert werden. Manchmal aber gelingt es der Popmusik, diesen Widerspruch auszuhebeln oder gar das hart umkämpfte Marktumfeld für ihre eigenen subversiven Zwecke zu nutzen. Dann schmuggelt sie unerhörte Gedanken in den Mainstream. Und ein Konzert kann plötzlich die Welt retten.

So weit jedenfalls der Idealzustand. Um zumindest in seine Nähe zu kommen, bräuchte es Künstler*innen und ein Publikum in Deutschland, die Popmusik ernst nehmen, einen Dialog über ihre Möglichkeiten führen und eine aufmerksame, anspruchsvolle Popkritik, die zwischen beiden Seiten vermittelt. Stattdessen gibt es Mark Forster und hunderttausende Menschen, die dessen jüngstes Album *Liebe* gekauft haben. Forster gehört zu den erfolgreichsten Popstars des Landes und ist der medial präsenteste. Er singt nicht nur Lieder, veröffentlicht Platten und tritt damit auf. Er sitzt auch in Quizsendungen und Castingshow-Jurys, arbeitet als Synchronsprecher und gehörte während der Fußball-EM 2016 gelegentlich zu den Expertenrunden, die das Halbfinalaus der deutschen Mannschaft im ZDF kommentierten. Helene Fischer ist der einzige hiesige Popstar, der ihn in Sachen TV-Gegenwart noch übertrifft. Zu ihr später mehr.

Die unverwüstliche gute Laune, die Forster zum Glücksfall der sanften Fernsehunterhaltung macht, setzt sich auch in seiner Musik fort. Auf bisher vier Soloalben, denen Engagements als Jinglekomponist und musikalischer Sidekick eines Comedians sowie ein abgeschlossenes BWL-Studium vorausgingen, präsentiert sich der 35-jährige Kaiserslauterer als Botschafter des unbeirrten Weitermachens. Es gibt «viel zu tun» in seinen Songs, aber meistens ist auch «alles cool». Das Leben besteht aus den Hürden, vor die einen das Schicksal stellt, und diese Hürden überspringt man eben, ohne sich zu viele dunkle Gedanken zu machen. Wenn doch mal solche aufziehen, liegt das meist an verblassenden Jugenderinnerungen – also daran, dass früher alles noch geiler war als heute. Am Ende des Parcours winkt spießbürgerliches Glück: Zwei- bis Viersamkeit, Doppelhaushälfte, Pauschalurlaub.

Forster variiert dieses Thema zu oberflächlichem Kunststoffpop, der sich modisch informierte Anleihen bei Trap-Rap-Beats und EDM-Drops erlaubt. Einziger Hinweis auf eine eigene Handschrift ist der Gebrauch von Kinder- und Erwachsenenchören, die als Geschmacksverstärker meist dann erklingen, wenn besonders große Erbaulichkeit gefragt ist. Forsters eigener Gesang ist so unbemerkenswert unaufdringlich wie seine T-Shirt-Mütze-Brille-Erscheinung: ein Ausdruck makelloser Durchschnittlichkeit, der zugleich Teil seiner Erfolgsformel ist.

Wenn Mark Forster singt, singt immer das ganze Land. Sein leicht verschmitzter, aber doch auf ewig gutmütiger Blick ist der offizielle Gesichtsausdruck der deutschen Popmusik.

Den melancholischen Gegenpart zu Forsters Optimismus-workouts besetzt der Songwriter Max Giesinger aus der Nähe von Karlsruhe. Er ist ähnlich erfolgreich und behandelt ähnliche Themen, nähert sich ihnen jedoch vom anderen Ende des Gute-Laune-Spektrums. Seit drei Alben stehen Giesingers Lieder an der Schwelle zum bürgerlichen Erwachsenenleben, kreisen um Karriere- und Familienplanung und werfen wehmütige Blicke über die eigene Schulter. Es gibt keine Jugenderfahrung, die der 30-Jährige nicht verklären, keine noch so flüchtige Frauenbekanntschaft, die er nicht durch ein haderndes Liebeslied in Stein meißeln könnte. Denn eins ist Giesinger überaus wichtig: Was er besingt, sind echte Menschen und Erfahrungen, das eigene, höchstens dezent frisierte Leben.

Wie könnte er also nicht aufs Ganze gehen? Giesinger hantiert mit Worten wie «alles» und «ewig», wenn er sich aufmacht, dann mindestens «bis ans Ende der Welt». Ständig herrscht Bewegung in seinen Texten, immer geht es um Aufbrüche, aber niemals um Ausbrüche. Die Alben, die er seit 2014 im Zweijahrestakt veröffentlicht hat, heißen «Laufen lernen», «Der Junge, der rennt» und «Die Reise». Dazu passend gibt sich Giesinger als musizierender Wandersmann mit geschulterter Akustikgitarre, haarklein verwuschelter Frisur und Schlafzimmerblick. Wo er damit hin will, bleibt jedoch unklar: Allen Bewegungsbeschwörungen zum Trotz herrscht völliger Stillstand in seiner Musik. Giesingers Vorstellungen vom männlich-leidenden Liedermacher, der sein Herz über handgemachten Ehrlichkeitsschnulzen ausschüttet, sind noch altbackener als Forsters Popstar-von-nebenan-Inszenierung.

Forster und Giesinger werden an dieser Stelle hervorgehoben, weil sie die aussagekräftigsten Repräsentanten zweier Popstartypen sind, von denen es seit geraumer Zeit wimmelt in den deutschen Charts. Seien es die YouTube-Li-La-Laune-Bärchen Die Lochis oder der vom eigenen Mittelstandsleben gezeichnete Songwriter Philipp Poisel, die singende Menschel-Maschine Tim Bendzko oder die Band Revolverheld, eine Art Popableger der Jungen Liberalen: all diesen Künstlern ist ein spielerischer Umgang mit der eigenen Musik völlig fremd. Es gibt bei ihnen keinen Raum für Unperfektes oder Exzentrisches, weder Humor noch Ironie oder wenigstens Interesse an kleineren Grenzüberschreitungen. Kein Wunder also, dass Sex im deutschen Popbetrieb ebenfalls kaum eine Rolle spielt. Sogar aus Liedern über Job und Familie löschen Forster, Giesinger und Gefolge alles Zukünftige heraus: Das betrifft sowohl die Möglichkeit radikaler Entscheidungen als auch alle anderen Blickwinkel, die sich nach vorn richten könnten. Ihre Musik bleibt fest verankert in einem Hier und Jetzt, das durch die ständige Beschwörung der «Ewigkeit» bis in eben diese verlängert werden soll. Was sagen sie damit über die deutsche Gegenwart?

Mehr, als man meinen könnte. Denn natürlich ist auch die Verweigerung einer wie auch immer gearteten Positionierung eine Positionierung. Immer wieder sehen sich Giesinger, Forster und zahlreiche ihrer Weggefährt*innen mit dem Vorwurf konfrontiert, ihre Songs erschöpften sich in einer gefühligen Schönfärberei, die an jenen Debatten vorbeiziele, die das

Land wirklich bewegen: von der sogenannten Flüchtlingskrise über den Aufstieg der AfD bis zur Verschiebung des gesellschaftlichen Mainstreams nach Rechts. Vor allem die Popkritik verzehrt sich nach eindeutigen oder gar kontroversen Statements von jenen Künstler*innen, die genügend Strahlkraft besäßen, um auch abseits ihrer eingeweihten Kreise etwas zu bewirken. Dass diese in aller Regel ausbleiben, macht den deutschen Pop jedoch nicht unpolitisch – es ist vielmehr Ausdruck seiner Entpolitisierung. Ideen von einer nonkonformen oder gar subversiven Popmusik, wie sie oben beschrieben wurden, können sich in diesem Umfeld nicht entfalten. Stattdessen ist Pop bei Forster, Giesinger und Co. eine Kunstform des Bewahrens und Bejahens, verkehrt in das Gegenteil ihrer ursprünglichen Stoßrichtung.

Das ist zunächst einmal nichts weltbewegend Neues. Schon zu Zeiten des jungen Elvis Presley, in denen sich Pop als Soundtrack jugendlicher Erweckungserlebnisse durchsetzte, gab es Strömungen, die die aufregende neue Musik vor ihren reaktionären Karren spannen wollten. Ein scheinbarer Widerspruch, der sich Mitte der Siebzigerjahre auch im Punk noch einmal manifestieren sollte. Er geht möglicherweise zurück auf den oben erwähnten Warencharakter von Popmusik: Sowohl das Format Popsong als auch das Konzept Jugendkultur sind Erfindungen des Kapitalismus und deshalb besonders anfällig für Vereinnahmungen, die dessen Status als gesellschaftliche Herrschaftsform bestärken sollen. Es mag nun hochtrabend erscheinen, solche Maßstäbe an die dünnen Liedchen von Mark Forster und Max Giesinger anzulegen. Man kommt jedoch nicht darum herum, wenn man aufzeigen will, welche Ideen ihre Musik in den Mainstream transportiert – und welchen Überzeugungen sie damit die Türen öffnet.

Deutschland. Kein Sommermärchen

Der Grundstein für Forsters Solokarriere war längst gelegt, als dieser im Jahr 2012 sein Debütalbum *Karton* veröffentlichte. Sechs Jahre zuvor hatte die Fußballweltmeisterschaft in Deutschland stattgefunden und weite Teile des Landes in einen kollektiven Freudentaumel gestürzt. Schwarz-rot-goldene Autospiegel und Balkonbeflaggung waren plötzlich allgegenwärtiger Ausdruck eines neu entflammten nationalen Selbstwertgefühls. Ganz selbstverständlich pochte das deutsche Volk darauf, wieder stolz sein zu dürfen auf die eigenen Leistungen und die seiner besten Fußballspieler. Eine Forderung, die sich als Entkrampfung ausgab, denn natürlich betonte man allenthalben die Weltoffenheit und Gastfreundlichkeit, die mit diesem korrigierten Deutschlandbild einhergehen sollten. Die Bild-Zeitung fand das «schwarz-rot-geil», und Sönke Wortmann zementierte den neuen Zeitgeist mit seinem als Fußballdoku getarnten Heimatfilm «Deutschland. Ein Sommermärchen».

Selbst Menschen, die allen Anflügen von nationaler Identitätsbildung eigentlich ablehnend gegenüberstehen, ließen sich damals vereinzelt mitreißen vom allseits grassierenden Partypatriotismus. Ein bisschen Autokorso könne schließlich niemandem schaden, die WM würde nicht ewig dauern und der neudeutsche Duft, der plötzlich in der Luft lag, nach dem Ausscheiden der Nationalmannschaft schon wieder vergehen. Eine kolossale Fehleinschätzung. Die WM ist zwar am 9. Juli

2006 planmäßig geendet, das sogenannte Sommermärchen aber dauert bis heute an. Der vermeintliche Ausnahmezustand eines Landes, das endlich wieder mit sich selbst im Reinen ist, hat sich als mehrheitsfähige Gesinnung etabliert. Popstars wie Forster und Giesinger tragen ihren Teil zur Erhaltung und Stärkung dieser Gesinnung bei.

Ganz selbstverständlich geben beide ihre Lieder auch für Compilations her, die Titel tragen wie «Herzberührt – Deutsche Poeten» und meist das platteste und offensichtlichste versammeln, was die deutsche Popmusik zu bieten hat. Auf dem dritten Teil dieser Reihe waren Giesinger und Forster mit ihren bisher größten Hits vertreten. Ersterer steuerte «Wenn sie tanzt» bei, ein Loblied auf die Entkettung der deutschen Frau von Haushalts- und Mutterpflichten; Letzterer «Wir sind groß», eine Hymne zur Fußball-EM 2016, die sich beispielhaft für den Dauerzustand «Sommermärchen» einsetzt. «Wir können das Buch selber schreiben», singt Forster darin, bevor er «für immer bunteste Zeiten» verspricht. Schlussfolgernd heißt es im Refrain: «Die Welt ist klein und wir sind groß.»

Spätestens wenn Forster das Stück in einen «Deutschpoeten»-Kontext stellt, gibt er ihm eine unmissverständliche Richtung. Es lässt sich dann nicht mehr abtun als weiteres jener Durchhalteliedchen ohne höhere Aussageabsicht, wie sie eigentlich typisch für ihn sind. Und natürlich fehlte «Wir sind groß» auch nicht, als Forster im Jahr 2017 den Headliner beim sogenannten Coca-Cola-Festival der Einheit gab. Vielsagend fand die Veranstaltung im Beisein des singenden «Social-Media-Schwarms» Mike Singer und der Elektro-Pop-Verharmloser Glasperlenspiel auf der Teilzeitfanmeile vor dem Brandenburger Tor statt. Sie sollte der musikalischen Vielfalt des Landes ein Denkmal setzen und lieferte Kartoffelsalat zum 3. Oktober. Forster taugt als Gesicht eines solchen Events, weil er sich zu einem Deutschlandgefühl ohne allzu offensive Parolen bekennt. Stolz macht ihn seine Eignung zum Nationalkünstler aber doch. Im Song «Einmal» aus seinem «Liebe»-Album erinnert er sich mit Bezug auf seinen zweitgrößten Hit «Au revoir» daran, «als mal das ganze Land mein Liedchen sang».

Von solcher Heimeligkeit ist es nicht mehr weit bis zur deutschesten aller Liedformen, dem Schlager. Der Poptheoretiker Mark Terkessidis hat schon Mitte der Neunzigerjahre in seinem Essay «Die Eingeborenen von Schizonesien» dessen Ursprünge bis zu den Bemühungen einiger Sturm-und-Drang-Dichter zurückverfolgt, die im späten 18. Jahrhundert eine genuin deutsche Volksliedtradition begründen wollten. Etwa 100 Jahre später entwickelte sich daraus der Schlager als erstes musikalisches Massenphänomen im industrialisierten Deutschland. So wertkonservativ und heimatverbunden, wie man ihn heute kennt, gibt er sich vor allem seit Ende des Zweiten Weltkriegs. In den Trümmerjahren der Bundesrepublik fielen ihm Verdrängungs- und Eskapismusarbeit zu, mit dem einsetzenden Wirtschaftswunder außerdem die Neubildung eines genesenen deutschen Nationalgefühls.

Für die hiesige Popkritik hat sich die Schlagerkeule zu einem Totschlagargument im Umgang mit Forster, Giesinger und ihren Weggefährt*innen entwickelt. Rein musikalisch betrachtet greift dieser Vorwurf zu kurz: Giesinger kommt aus einer US-amerikanisch geprägten Folktradition – der er natürlich alles Widerborstige ausgetrieben hat –, während Forster eine Anschlussfähigkeit an aktuelle Poptrends beweist, die dem Schlager in den meisten Fällen fremd bleibt. Inhaltlich könnte die Einordnung jedoch nicht zutreffender sein. Die Kernthemen des deutschen Schlagers, die der Popkritiker Georg Seeßlen in seinem Buch «Is This The End»? als das Vaterländische, das Fröhliche und das Sentimentale beschreibt, decken sich mit der Gefühlswelt unzähliger Forster- und Giesinger-Texte. Letzterer reproduziert den klassischen Schlager-Topos des Fernwehs sogar eins zu eins in vielen seiner Stücke – und setzt dabei eine Heimat voraus, in die es sich stets zurückzukehren lohnt.

Die saugstärkste Musik der Gegenwart

Musiker wie Forster und Giesinger impfen ihren Popsongs ein schlagerkompatibles Weltbild ein und bestärken damit verknüpfte Werte, die ohnehin schon als Konsens einer gesellschaftlichen Mitte gelten. Deutschlands bei weitem größter Popstar verfolgt ähnliche Ziele, kommt jedoch aus der entgegengesetzten Richtung. Mit einer schier unmenschlichen Energieleistung hat Helene Fischer den Schlager in den letzten zehn Jahren aus den Bierzelten des Landes in dessen größte Stadien gezerrt. An ihr zerbricht die These, dass Schlager eine grundsätzlich entwicklungsunfähige Musikform sei, unmöglich zu vereinen mit den Umwälzungen der rasanten Popwelt. Fischers Schlager ist der größtmögliche Gleichmacher, die saugstärkste Musik der deutschen Gegenwart. Er funktioniert als Bummsbeat oder Klavierballade, Musical, Fußballhymne oder Weihnachtslied, auf Deutsch oder Englisch und auch mal einen Refrain lang auf Spanisch. Die bekannten Streamingdienste ordnen Fischer so achselzuckend wie vielsagend in der Kategorie «German Pop» ein. Womöglich haben sie das Genre erst für sie erfunden.

Wie erklärt sich dieser Erfolg? Die Künstlerin selbst lässt auf ihrer Website geradezu rührende Worte ausrichten. Helene Fischer bringe «Jung und Alt» zusammen, steht dort im ersten Biografieabsatz. «Stadt und Land, Männer und Frauen, alle auf einer Augenhöhe.» Und dann, nun wirklich so deutsch wie möglich: «Ihre herzliche Art, das pragmatische Wesen, ihre bodenständige Einstellung zum Leben – eigentlich unglamouröse Attribute – verleihen ihr nur noch zusätzlichen Glanz.» Das klingt himmelschreiend naiv, ist aber sehr präzise formuliert, gerade in Hinblick darauf, wer und was nicht erwähnt wird. Denn ein paar Sätze später heißt es, Fischer schaffe «mit ihren Songtexten Identifikations-Plattformen», die sich entsprechend der gerade zitierten Aufzählung an den gesellschaftlichen Durchschnitt richten: das bürgerliche, heterosexuelle, monogame, in Deutschland geborene Deutschland.

Dass Fischer selbst vor 35 Jahren in der damaligen Sowjetunion geboren wurde, konnte sie nicht davon abhalten, zur Rekordnationalsängerin der Deutschen aufzusteigen – möglicherweise, weil ihre russlanddeutsche Herkunft in ihrem künstlerischen Schaffen so gut wie nie eine Rolle spielt. Identifikation stiftet Fischer in andere Richtungen: Auch bei ihr ist Pop Ausdruck des konformen Lebens, eine Aneinanderreihung von ewig währenden Zweisamkeitserfahrungen, Bekräftigungsfloskeln und keuscher Erotik, hier und da erweitert um «einen Schuss Risiko», wie Fischer ihn mit ihrem Song «So kann das

Leben sein» in Aussicht stellt. Dieses Risiko ist in keiner Weise grenzüberschreitend, niemals gegen vorherrschende Verhältnisse gerichtet oder sonst wie kompatibel mit einer Vorstellung von Popmusik, die an ihr eigenes subversives Potenzial glaubt. Sie ist, wie schon die gewählte Metapher verrät, das heimliche Eierlikörchen, das sich manch eine*r von uns am späten Nachmittag genehmigt.

Man muss das nicht so eng sehen, man kann es für unbedarfte Massenunterhaltung halten. Das aber würde bedeuten, der Künstlerin auf den Leim zu gehen. Massenunterhaltung ist niemals unbedarft. Auch bei Helene Fischer ist die Abwesenheit von klaren Positionierungen letztlich die klarste Positionierung überhaupt. Gerade wenn sie im öffentlich-rechtlichen Fernsehen auftritt, was sie ständig tut, oder bei irgendeinem Jubelanlass der Fußballnationalmannschaft, gibt Fischer die Botschafterin eines Volkes, das gut und gerne in seinem Heimatland leben will. Diese Zufriedenheit duldet weder Selbstzweifel noch ironische Brüche. Das augenzwinkernde Verhältnis zur eigenen Schrottigkeit, das den Schlager der Neunzigerjahre von Guildo Horn, Stefan Raab oder Dieter Thomas Kuhn auszeichnete, hat Fischer dem Genre gründlich ausgetrieben. Ihre Konzerte sind hochkonzentrierte Hochleistungsshows, die sich die eigene Großartigkeit mit immer wilderen Flugeinlagen, Bühnenaufbauten und Special Effects beweisen.

Ausnahmezustände wie vor einem Jahr in Chemnitz sind in diesem Programm nicht vorgesehen. Sie stellen Fischer genauso auf die Probe wie das Selbstverständnis eines patriotisch-weltoffenen Landes, dessen wichtigste Poprepräsentantin sie ist. Nach #wirsindmehr geriet Fischer deshalb zusehends unter Druck: Der seit Jahren köchelnde Vorwurf, dass sie AfD-Aufstieg und gesellschaftlichen Rechtsruck niemals öffentlich verurteile – womöglich, weil auch besorgte und wütende Bürger*innen Konzerttickets kaufen und Spotify-Accounts haben –, richtete sich mit neuer Vehemenz an sie. Schließlich veröffentlichte Fischer ein pflichtschuldiges Statement, das weniger über ihre Haltung als über ihr Verständnis von Pop als Beruhigungsmittel der Bevölkerung verriet. «Wir können und dürfen nicht ausblenden, was zur Zeit in unserem Land passiert», schrieb sie vor einem Konzert in Berlin. «Doch wir können zum Glück auch sehen, wie groß der Zusammenhalt gleichzeitig ist – das sollte uns stolz machen.»

Auch hier ist am Interessantesten, was der Text nicht enthielt. Fischer vermied sämtliche Reizworte von Hetzjagd bis Nationalismus. Sie konnte zwar nicht ausblenden, was in unserem Land passiert, aber ebenso wenig konnte sie es benennen. Stattdessen löste sie das Problem, indem sie es für gelöst erklärte – und wechselte sogleich wieder in den abgesicherten Modus, der ihrer Popmusik eigen ist. Die Rückkehr zur Tagesordnung hatte sie ihren beschwichtigenden Sätzen ohnehin schon vorangestellt: «Lasst uns heute für ein paar Stunden den Alltag vergessen», schrieb sie zu Beginn des Statements. Als Helene Fischer drei Monate später ihre Trennung von Florian Silbereisen bekannt gab, hätte sie die gleiche Mitteilung noch einmal veröffentlichen können.

Halten wir also fest: Wer heute Erfolg mit Popsongs in Deutschland haben will, muss Musik aus vergangenen Zeiten machen. Helene Fischer sowie Mark Forster und Max Giesinger, deren Schaffen hier stellvertretend für eine große Zahl ähnlich ausgerichteter Künstler (und weniger Künstlerinnen) untersucht wurde, singen ihr Publikum aus einem Land an, das es gar nicht mehr gibt. Sie sind Überbleibsel der ersten Amtsjahre von Bundeskanzlerin Angela Merkel, einer vergleichsweise ruhigen Konsolidierungsphase, in der noch kaum jemand einen Gedanken an kommende Wirtschafts- und Flüchtlingskrisen verschwendete. In diesem Klima der Selbstzufriedenheit gingen der emanzipatorischen Popmusik die Themen verloren: Es wurde schwierig zu bestimmen, wogegen man sich mit Hilfe von Pop überhaupt noch auflehnen und wovon man sich befreien sollte.

Stattdessen schlug die Stunde der reaktionären Popmusik. Der vermeintliche Ausnahmezustand der schwarz-rot-geilen Selbstbesudelung bewies nach der Heim-WM 2006 seine Hartnäckigkeit und führte in ein neues deutsches Selbstbewusstsein: weltgewandt, aber heimatverbunden, geschichtsbewusst, aber ausgesöhnt mit der Vergangenheit. Pop hat in der Vorbereitung und Durchsetzung dieses Selbstbewusstseins eine entscheidende Rolle gespielt. Sönke Wortmanns fußballerisch aufgepumpte Wunder- und Märchenfilme förderten ein kollektives Wir-sind-wieder-wer, die Sportfreunde Stiller bestimmten mit ihrer Fußballhymne «54, 74, 90, 2006» neue Schlüsseljahre für die jüngere deutsche Geschichte, und selbst eine vermeintlich linksdrehende Indiepopband wie Mia. machte sich mit dem Song «Was es ist» für ein Heimatverhältnis ohne Altlasten stark. Schon zwei Jahre vor dem sogenannten Sommermärchen sang sie von «schwarzem Kaffee», «rotem Mund», «gelber Sonne» und dem Willen, «neues deutsches Land» zu betreten.

Selbsterklärte Deutschpoeten wie Mark Forster und Max Giesinger, aber auch Helene Fischer sind diesem Wunsch treudoof hinterhergedackelt. Während sich die reaktionäre Prägung des neuen deutschen Selbstbewusstseins längst nicht mehr hinter Freudentaumel und Hupkonzerten versteckt, singen sie weiterhin vom Bewahren des Schönen, Gemäßigten und Gefühligen. Als Kindern des schwarz-rot-geilen Zeitgeists fehlt ihnen die Sprache, um auf die veränderten Verhältnisse zu reagieren. Das Gegenteil gilt indes für Pop-Phänomene, die ohne schöne oder gemäßigte Absichten vom rechten Rand her in die Mitte der Gesellschaft drängen. Erfolgsgeschichten für identitäts- und distinktionsstiftende Popmusik hat es in den letzten Jahren vor allem aus dieser Richtung gegeben.

Wenn Popmusik, wie oben beschrieben, ein Spiel mit der Konstruktion und Entschlüsselung von Mythen ist, dann kann der Mythos natürlich auch Nation heißen. Sollte es jemals so etwas wie eine freiheitlich-progressive Werkseinstellung von Pop gegeben haben, dann höchstens in seiner Anfangszeit. In seinem Buch «So klingt die neue Mitte» beschreibt sie der Musikjournalist Martin Büsser «bis in die siebziger Jahre hinein» als grundsätzlich emanzipatorischen Ausdruck von «sexueller Befreiung», als «neues, antikapitalistisches (und zugleich doch auf Konsum begründetes) Lustprinzip». Die natürlichen Feinde dieses Prinzips waren «Kirche, Regierung und Militär» – was man damals eben für das Establishment hielt. Die Lage wurde jedoch bald unübersichtlich: Schon Mitte der Siebzigerjahre hantierten Punks mit Nazisymbolen und wenig später auch Nazis mit Punkmusik. Es war zwar nicht im Sinne der Erfinder*innen, aber mit ihrer Vorliebe für Übertreibungen und Dreistigkeit, das Schmuddelige und Trashige erweist sich Popmusik bis heute als effektiver Datenträger von rechten Überzeugungen.

So ist das eben mit der Subversion: Wer einen Geheimgang gräbt, kann nicht immer bestimmen, in welche Richtung die Menschen hindurchkriechen. So wie sich politisch links verortete Popbands einst bei kapitalistischen Konzepten bedienten, um konsumkritische Ideen einem möglichst großen Publikum unterzujubeln, bedient sich rechte Popmusik bei Gesten von Revolution und Widerstand, um ihre reaktionären Ideen durchzusetzen. Die Südtiroler Hardrockband Freiwild ist das aktuelle Paradebeispiel dieser Strategie. Sie predigt Heimatliebe, Traditionenpflege und den Wert der Familie – also ein völkisch-verschärftes Update des vorherrschenden Affirmationspops von Forster und Co. – und verkauft dieses Programm als Auflehnung gegen «Überfremdung», «Genderwahnsinn» oder «Lügenpresse». Wer sich das arschgeweihähnliche Logo der Band im Großformat auf die Heckscheibe klebt, versteht das als Akt der Befreiung.

Dort, wo emanzipatorische Popmusik zwangsläufig auf komplizierte Fragen zum (vermeintlich) reinen Symbolcharakter ihrer Protestgesten und der Umsetzbarkeit ihrer (vermeintlich) utopischen Forderungen trifft, haben es Bands wie Freiwild leichter. Ihnen geht es gar nicht um neue Formen des Zusammenlebens. Sie brauchen ihre Wunschvorstellungen von patriarchalischen und national homogenen Verhältnissen nicht erst herzustellen, sie müssen diese nur erhalten. Pop auf Rechtsaußen profitiert jedoch auch und gerade heute vom Deutschlandgefühl der Popgeneration «Sommermärchen». So freundlich sich deren Patriotismus auch gab: Die Grenzen des Sag- und Vertretbaren weichen immer nach Rechts auf, wenn sich ein Land mit sich selbst versöhnt. Arbeiten die größten Popstars dieses Landes dann auch noch an der Entleerung ihrer eigenen Kunstform, treten eben andere hervor und füllen die Kunstform mit neuen Inhalten.

Heimat ist der Kampfbegriff

So weit der Status quo. Es gibt nun zwei Möglichkeiten, auf ihn zu reagieren. Eine wäre, sich von Popmusik als Transportmittel und Versuchslabor für fortschrittliche, revolutionäre, utopische oder versponnene Ideen zu verabschieden. Bereits erwähnte Popkritiker wie Martin Büsser und Georg Seeßlen, aber auch Diedrich Diederichsen, haben teils schon in den frühen Neunzigerjahren darüber geschrieben, wie heikel es inzwischen sei, das eigene Selbstverständnis im Pop zu verlinken. Das Medium, das einst als Ausdrucksform für die Abgrenzung und Auflehnung von Jugend- und Subkultur gegen die spießigen Eltern und eine geschmacksbefreite Mehrheitsgesellschaft galt, hatte sich in ihren Augen als anfällig erwiesen für reaktionäre Vereinnahmung – eine Diagnose, die sich in den Nuller- und Zehnerjahren bestätigt hat. Eine unreflektierte Identifikation mit vermeintlichen Grundwerten der Popmusik ist deshalb nicht mehr möglich. Ihre moralische und ideologische Ausrichtung erscheint heute genauso umkämpft wie jeder andere gesellschaftliche Schauplatz, auf dem es um Geld, Macht und Deutungshoheit geht. Durch ihre Entpolitisierung ist Popmusik mehr denn je zum Politikum geworden.

Sich deshalb ganz von einem progressiven Popverständnis zu verabschieden, würde aber nicht nur bedeuten, das Feld der Berieselungsmusik von Fischer-Forster-Giesinger zu überlassen, sondern auch volkstümelnden Konsorten wie Freiwild und dem Rapper Kollegah, der sich mit antisemitischen und misogynen Scheinbar-Tabubrüchen eine riesige Fangemeinde herangezüchtet hat. Popmusik wäre damit für verloren erklärt – und das kann natürlich kein Ausweg sein. Ein Ausweg könnte aber darin bestehen, den Pop der breiten Mehrheit für verloren zu erklären. Ihn nicht mehr als Teil der Lösung ins Boot holen zu wollen, sondern als Teil des Problems zu begreifen. Statt sich damit zu beschäftigen, wie man ihn für aufrüttelnde Inhalte öffnen oder seine bekanntesten Vertreter*innen zu Lippenbekenntnissen «gegen Rechts» bewegen könnte, sollte die Frage dann lauten: Was haben wir dieser Musik entgegenzusetzen?

In einem Artikel über das Chemnitzer #wirsindmehr-Konzert schrieb der Welt-Redakteur Michael Pilz, Heimat sei in der deutschen Popmusik kein Kampfbegriff mehr. Schön wär's. Heimat ist der Kampfbegriff schlechthin in der deutschen Popmusik. In der gesellschaftlichen Mitte wird er mit einem endlich normalisierten Nationalgefühl verbunden, am rechten Rand mit aggressiver Abschottung. Aus beiden Modellen spricht ein Wunsch zur Homogenisierung des Landes. Wer darin bestärkt werden will, kann sich von zahlreichen Popstars die entsprechenden Erbaulichkeitslieder vorsingen lassen. Wenn Popmusik in Deutschland jedoch ihren ursprünglichen Funktionen von Distinktion und Querulantentum gerecht werden möchte, muss sie sich jeder Form der Vereinheitlichung und Vereinnahmung widersetzen. Sie muss queer, migrantisch und feministisch sein, sich eindeutigen Identitäten entziehen und stattdessen immer wieder künstliche Spontan- und Scheinidentitäten für sich erschaffen.

Widersprüche, Fragmentierung, Ambivalenz: Vieles, was die deutsche Popmusik gut gebrauchen könnte, ergibt sich daraus praktisch von selbst. Die Zukunft sollte Sprachmetzger*innen wie Ebow, Haiyti oder Celo & Abdi gehören. Musiker*innen, die natürlich nicht allein wegen ihrer türkischen, kroatischen, bosnischen und marokkanischen Vorfahr*innen als subversive Kräfte im Deutschrap gelten, sondern vor allem wegen ihres Umgangs mit der deutschen Sprache. Die Grammatik erscheint in ihren Texten außer Kraft gesetzt, der Wortschatz so weit ausgebeult, dass Szene-, Slang- und fremdsprachige Begriffe gar nicht mehr groß auffallen. Ebow ist die Einzige dieser Künstler*innen, deren Songs gesellschaftliche Brennpunktthemen wie Alltagsrassismus und die sogenannte Flüchtlingskrise explizit aufgreifen. Es geht im Pop aber nicht nur darum, was gesagt wird, sondern auch darum, wer und was repräsentiert wird. Man muss Haiytis Gossen-Jet-Set oder die Drogendeal-Geschichten von Celo & Abdi gar nicht auf höhere Ebenen untersuchen, um ihre Positionierung zu erkennen: Sie steckt bereits in einer zersplitterten Sprache, mit der keine eindeutige Identitätsbildung mehr zu machen ist.

Der Künstler und Politikwissenschaftler Max Czollek schrieb in seiner Streitschrift «Desintegriert Euch!» über das Potenzial von Rapmusik als «Ausdruck politischen Widerstandes», dass jenes nicht zuletzt darin liege, diskriminierenden Diskursen einen Zerrspiegel vorzuhalten. So kehrten etwa die gewalttätigen Texte mancher Rapper*innen in seinen Augen das gesellschaftliche Verhältnis zwischen Minderheiten und Dominanzkultur um. Ein solcher Hochseilakt kann zur Sichtbarkeit unterrepräsentierter Perspektiven beitragen, doch ohne Risiko ist er nicht zu haben: Ständig droht der Absturz in die Unterwelt der Obermacker, zu Kollegah und anderen Eindeutigkeitsrappern. Gewaltverherrlichung, Frauenverachtung, Körperkult – hier ist alles eins zu eins gemeint.

Natürlich gehört zur Popmusik auch das Spiel mit Provokation und Grenzüberschreitung. Kollegah und sein Kollaborateur Farid Bang beriefen sich darauf, als sie wegen antisemitischer Textzeilen und der Herabwürdigung von KZ-Häftlingen im Frühjahr 2018 in die Kritik geraten waren. Die Debatte, die sich daran entzündete, verlief nervtötend und schier endlos, verlor sich in Fragen zu Kunstfreiheit und Battle-Rap und führte schließlich zur Abschaffung des ohnehin irrelevanten Musikpreises Echo. Man konnte aber auch etwas aus ihr lernen: Die Wichtigkeit von Ironie, Brüchen und Vieldeutigkeit zeigt sich im Pop vor allem dort, wo diese Eigenschaften fehlen. Und wer sein Publikum vor den Kopf stoßen will, sollte sich vorher fragen, ob es um die bloße Kopfnuss geht – oder ob da auch noch etwas anderes mitschwingen soll.

Tatsächlich kann die Reflexion der eigenen Arbeit und Arbeitsbedingungen besonders schöne Blüten treiben. Man sieht das bei Rockbands wie Die Nerven aus Stuttgart und The Screenshots aus Krefeld, die gerade daraus besondere Kraft schöpfen, dass ihr Genre in regelmäßigen Abständen für tot erklärt wird. Die Gitarre hat sich vom ultimativen Phallussymbol des Pop in ein Instrument der Erschlafften und Abgehängten verwandelt. Beiden Bands ist das nicht verborgen geblieben. Ihr meistens verzerrter Gitarrenkrach befindet sich in permanenter Auflösung: Hier bröckeln die Fassaden der Songs, dort fallen Refrains in sich zusammen, bevor sie zur Entfaltung kommen. Schwächlichkeit ist Teil des jeweiligen Programms. Die Nerven beschreiben sich selbst als Auslaufmodell, das den zahlreichen Nebentätigkeiten der Musiker jederzeit zum Opfer fallen könnte. The Screenshots finden ihre Leitmotive in scheinbar abgenutzten Konzepten wie Europa, Vinylschallplatten und Zweitkarrieren als selbstironische Twitter-Stars.

Beide Bands haben offensichtlich noch etwas gemeinsam: Ihre Strahlkraft reicht nicht über einen kleinen Zirkel der Bescheidwissenden hinaus. Als Einzelphänomene, die sich im Mainstream der deutschen Popmusik einnisten könnten, sind sie kaum vorstellbar. Das müssen sie aber auch nicht sein. Es liegt in der Natur von Subkulturen, das oft nur ihre Spitzen für ein größeres Publikum sichtbar werden. Trotzdem kann sich unterhalb der Spitze ein Eisberg befinden. Wenn Popmusik mit nonkonformen Absichten ihr Potenzial ausschöpfen will, könnte ein Weg dorthin das vermeintlich altmodische Konzept der Szenenbildung sein. Die Nerven zeigen das bereits: Ihr Schaffen ist verästelt in so viele Zweit-, Dritt- und Kurzzeitprojekte mit befreundeten und gleichgesinnten Musiker*innen, dass sich die öffentliche Wahrnehmung der Band inzwischen verselbstständigt hat. Ein neues Rockalbum aus Deutschland? Hat im Zweifel der Nerven-Sänger Max Rieger produziert.

Doch das ist natürlich nicht alles. Die Bedeutung von Szenen geht über die erhöhte Präsenz ihrer einzelnen Akteur*innen hinaus. Man kann sich im Kreise seiner Gleichgesinnten größer machen, als man eigentlich ist, auch das ist eine bewährte Popstrategie. Aber sie wird sich schnell abnutzen, wenn es unter diesen Gleichgesinnten keinen Austausch über die gemeinsamen Ziele gibt, keinen Selbstcheck der eigenen Überzeugungen und Privilegien, der nicht zuletzt ein Kollegah-mäßiges Abdriften in hohle Provokation verhindern kann. Diedrich Diederichsen griff schon Anfang der Neunzigerjahre einen Begriff des Philosophen Jean-François Lyotard auf und schrieb von einem «Patchwork der Minderheiten», das sich nicht in «Abschottung» und «Ausgrenzung» zurückziehen, sondern auf die Kommunikation innerhalb von, aber auch zwischen verschiedenen Szenen setzen sollte. Es könnte ein Anfang sein.

Und es führt uns zurück an den Anfang dieses Textes. Immer wieder sind es die Großveranstaltungen, mit denen der deutsche Pop seinen Zustand besonders eindringlich zum Ausdruck bringt – vielleicht sogar eindringlicher, als es ihm lieb ist. Die popmusikalisch bespaßten Jubelmeilen während der Fußballturniere, Helene Fischer im Olympiastadion, Freiwild und Kollegah auf offener Echo-Bühne, jedes x-beliebige Rockfestival, dessen Line-up nahezu ausschließlich männlich, weiß und hetero besetzt ist: All das sind Ausprägungen einer Popmusik, die einverstanden ist mit dem, was hierzulande den Überzeugungen der Mehrheitsgesellschaft entspricht. Der beschriebene «Sommermärchen»-Patriotismus hat diese Überzeugungen seit 2006 entscheidend geprägt und sich aller vermeintlichen Unverkrampftheit zum Trotz längst als Nährboden für aggressivere Formen des Nationalismus erwiesen. Deutsche Popmusik hat in dieser Entwicklung immer wieder die Erfüllungsgehilfin gespielt. Das kann sie sich auf die Fahnen schreiben.

Das Chemnitzer #wirsindmehr-Konzert jedoch könnte einen Bruch mit diesen Gegebenheiten markieren. Es wäre falsch, das Fehlen nicht-männlicher, queerer und migrantischer Künstler*innen im Programm der Veranstaltung als Kavaliersdelikt abzutun, das in Anbetracht der ernsten Lage vernachlässigt werden kann. Nichts kann vernachlässigt werden, wenn es um die Repräsentation unterdrückter Stimmen geht. Es wäre aber genauso falsch, den Einsatz der beteiligten Musiker*innen deshalb grundsätzlich zu verurteilen. Popmusik zeigte sich an diesem Abend als jene aufrüttelnde, mit Makeln und Widersprüchen behaftete Kraft, die sie sein kann. Das kommt in Deutschland selten genug vor. Um es also in einer Sprache zu sagen, die das Land besonders gut versteht: Der Ball ist seit Chemnitz zurück im Spiel. Wer treibt ihn jetzt nach vorne?

FILM UND FERNSEHEN

Abschied von gestern

Noemi Schneider

Nachbars Baum ist weg. 120 Jahre stand er da. Bis jetzt. Und schuld daran ist das Fernsehen. Der Nachbar hat nämlich im Fernsehen eine Sendung gesehen, in der erzählt wurde, dass große, alte Bäume eine nicht zu unterschätzende Gefahr darstellen, wegen des Klimawandels, der Erdbeben, Tsunamis, Orkane etc. Seitdem war der Nachbar von der Idee besessen, dass ihm der Baum aufs Haus fallen könnte. Die anderen Nachbarn, die ebenfalls viel fernsehen, waren sofort dafür, den Baum umzulegen, wegen der Blätter, des Lichtmangels, der Erdbeben, Tsunamis, Orkane etc. Natürlich kettete ich mich sofort an den Baum. Aber während ich auf der Wache die diensthabenden Beamten über ihre Rechte aufklärte und «Mein Freund der Baum» intonierte, bis sie mir den Mund stopften, wurde Nachbars Baum gefällt, weil es in dem Dorf, in dem ich wohne, keinen Baumschutz gibt. Ob Bäume eine Seele haben, weiß ich nicht. Dass das Fernsehen keine Seele hat, weiß ich. Und wer daran zweifelt, sollte einfach mal seinen Fernseher umarmen.

«Fernsehen wurde nicht für Idioten geschaffen – es erzeugt

sie», lautet das Credo des amerikanischen Medienwissenschaftlers Neil Postman. In seinem 1985 erschienenen Kultbuch «Wir amüsieren uns zu Tode» warnt Postman vor dem Niedergang der Kultur im Fernsehzeitalter:

«Wenn ein Volk sich von Trivialitäten ablenken lässt, wenn das kulturelle Leben neu bestimmt wird als eine endlose Reihe von Unterhaltungsveranstaltungen, als gigantischer Amüsierbetrieb, wenn der öffentliche Diskurs zum unterschiedslosen Geplapper wird, kurz, wenn aus Bürgern Zuschauer werden und ihre öffentlichen Angelegenheiten zur Varieté-Nummer herunterkommen, dann ist die Nation in Gefahr – das Absterben der Kultur wird zur realen Bedrohung.»

Postman glaubte nicht daran, dass es ein besseres oder schlechteres Fernsehen geben könne, da das Fernsehen sämtliche Inhalte in Unterhaltung umwandle. Im Gegensatz zu Marshall McLuhan – «das Medium ist die Botschaft» – war er der Überzeugung, dass Medien Metaphern sind, die «ebenso unaufdringlich wie machtvoll ihre spezifischen Realitätsdefinitionen stillschweigend durchsetzen. Ob wir die Welt durch das Objektiv der gesprochenen Sprache oder des gedruckten Wortes oder der Fernsehkamera wahrnehmen – unsere Medien-Metaphern gliedern die Welt für uns, bringen sie in eine zeitliche Abfolge, vergrößern sie, verkleinern sie, färben sie ein und explizieren eine bestimmte Deutung der Beschaffenheit der Wirklichkeit.»

Ergo: Wenn es so weitergeht, wird es hierzulande irgendwann keine großen, alten Bäume mehr geben. Natürlich ist Nachbars Baum nicht der einzige, der dem Fernsehen im letzten Jahr zum Opfer fiel, aber der einzige, der mir fehlt.

Am 9. September 2018, kurz vor Sonnenaufgang, sprang ein 33-Jähriger 185 Kilometer vor St. John's (Neufundland) von Bord eines Kreuzfahrtschiffs. Die Wassertemperatur betrug 10,5 Grad. Seine Identität war schnell geklärt: Es handelte sich um den Deutschen Daniel (Kaiser-) Küblböck, eine Witzfigur aus dem Trash-TV *made in Germany*. Einer von denen, die 2003 beim «DSDS (Deutschland sucht den Superstar)»-Casting ein Liedlein krähten und von Dieter Bohlen eine Runde weiter geschickt wurden: «Also ich meine du hast, ganz ehrlich, ne Schraube locker aber das gehört ja ... ist positiv gemeint. Weißt du, das gehört bei diesem Geschäft irgendwie auch dazu und viele Große, die ich kennen gelernt hab, die hatten auch, also alle, die Oberschraube locker und also dieses leicht Irre. Also ich finde dich lustig und von mir kriegst du 'n ja.»

Und so wurde aus dem 18-jährigen Niederbayer mit den abstehenden Ohren ein deutscher Superstar, der gemeinsam mit einer Journalistin einen Spiegel-Bestseller verfasste, im «Dschungelcamp» Kakerlaken in sich reinstopfte, im «Big Brother»-Container heulte, das «Perfekte Promi-Dinner» kochte, sich die Ohren anlegen ließ, beim «Eurovision Song Contest» scheiterte und schließlich auf dem Grund der Labradorsee versandete. Der französische Philosoph und Medientheoretiker Paul Virilio, der tags darauf in Paris verstarb, hatte es kommen sehen. Er war der Überzeugung, dass jede Technik ein spezifisches Akzidens, einen spezifischen Unfall produziere, provoziere und programmiere. Die Lokomotive die Entgleisung, die Autobahn die Massenkarambolage, das Flugzeug den Absturz, das Schiff den Schiffbruch, kurz: das Fernsehen den Küblböck.

Küblböck war nicht der Erste, der 2018 von Bord ging. Bereits im Mai verließ der Traumschiffkapitän Sascha Hehn überraschend die Brücke. Seinen Abschied vom ZDF-Flaggschiff MS Deutschland begründete er damit, dass die Serie ihren Charme verloren habe, außerdem habe sich in der Fernsehbranche vieles verändert – und das nicht immer zum Positiven. Na. Ja. In den 80ern war das Fernsehen hierzulande, wenn man genau hinsieht, fast so schlecht wie heute – allerdings war Sascha Hehn da noch ein Star. Damals heuerte der Frauenschwarm mit der Föhnfrisur aus der «Schwarzwaldklinik» auf dem Kreuzfahrtschiff als Chef-Steward Victor an. 1987 sprang er von Bord, kehrte jedoch kurz darauf mit demselben Gesicht als Victors Zwillingsbruder Stefan zurück und blieb bis 1991 als erster Offizier auf der Brücke. Während Sascha Hehn dem ZDF Quoten bescherte, die heute im Reich der Phantasie liegen, wollte ich nur eines: Tennisspielerin werden.

Wie viele aus meiner Generation, deren Eltern Fernsehen für eine Verblödungsmaschinerie hielten, wuchs ich ohne auf. Das Einzige, was ich in den 80ern zu sehen kriegte, war Tennis bei meinem besten Freund Paul, der nur eine Wiese weiter wohnte. Die Ballgeräusche drangen durch die angelehnte Haustür nach draußen, im Wohnzimmer waren die Rollläden zur Hälfte heruntergelassen. Pauls Mutter lag in einem Sommerkleid im Halbdunkel auf dem Sofa, lackierte sich die Nägel und guckte Wimbledon. Stundenlang. Und wir guckten mit. Leider stellte sich heraus, dass ich für Ballsportarten jeder Art eher unbegabt war.

Anfang der 90er bekam ich nach jahrelangem Gezeter einen ausrangierten kleinen tragbaren Kasten mit Drehknopf und Zimmerantenne, der je nach Wetterlage zwei bis vier Programme empfing und im Arbeitszimmer meiner Mutter aufgestellt wurde. War er nicht in Betrieb, wurde er mit einem Tuch bedeckt. Da wir am südlichsten Ende Bayerns wohnten, empfing die Antenne natürlich auch das österreichische Signal. Damals wie heute gilt: Wer die Wahl hat, entscheidet sich für das bessere Programm. Der ORF setzt übrigens immer noch Akzente. Anfang Dezember 2018 entschied er, seine Social-Media-Strategie zu ändern, seine *Facebook*-Präsenz massiv zurückzufahren und den Upload von Videos in das soziale Netzwerk zu reduzieren. Bereits im Frühjahr hatte der ORF-Onlinechef Thomas Prantner in einem Interview mit dem Handelsblatt angekündigt, *Facebook*-Seiten abzubauen: «Warum sollen wir mit unseren Inhalten dafür sorgen, dass ein börsennotierter Konzern aus dem Silicon Valley seine Werbeeinnahmen steigern kann?»

Die *Facebook*-Diskussion gibt es hierzulande natürlich auch. Ein ARD-Sprecher sagte der Süddeutschen Zeitung, die Fragen rund um *Facebook* würden intern wie in ARD-Programminhalten «kritisch diskutiert». Jedoch sei der Senderverbund von dem Grundgedanken geleitet, Nutzer mit seinen Angeboten dort «abholen» zu müssen, wo sie sich bewegen. Ein abrupter Rückzug scheide zudem aus, weil man Social-Media-Debatten nicht jenen überlassen dürfe, «die mit einseitigem Content oder gar Hetze Meinungen zu manipulieren versuchen». Aufgabe des Senderverbunds sei es, «mit professionell recherchierten Informationen und Fakten-basierten Inhalten Debatten zu versachlichen». Vom ZDF hieß es auf SZ-Anfrage, die *Facebook*-Seiten des Senders seien «wichtige Plattformen für den Austausch mit dem Publikum. Ein Rückzug davon ist nicht geplant.»

Das heißt in der Praxis, dass die öffentlich-rechtlichen Sender einen Mordsonlineaufwand betreiben, um *Facebook*-gerechte Inhalte zu generieren, die *Facebook* dann verteilt, wie es gerade lustig ist. Natürlich lässt sich *Facebook* ein bisschen beeinflussen, denn es gibt *Facebook*-freundlichere (Katzenvideos) und *Facebook*-unfreundlichere Inhalte (sperrige Politiker-Interviews). Um den *Facebook*-unfreundlicheren Inhalt *Facebook* schmackhaft zu machen, wird beispielsweise ein Katzenvideo gepostet, um Klicks zu generieren, die dann wiederum dafür sorgen, dass *Facebook* das darauffolgende, eher sperrige Interview-Video höher einstuft (rankt), d.h. weiter verteilt, weil der Algorithmus denkt, dass es sich um ein Katzenvideo handelt. Und wenn man Glück hat, kriegt man dann auch das sperrige Politiker-Interview-Video zu sehen. So funktioniert *Facebook*. Und zu behaupten, dass man «mit professionell recherchierten Informationen und Fakten-basierten Inhalten» *Facebook*-Debatten «versachlichen» könne, ist genauso naiv, wie zu glauben, dass man das Trash-TV-Publikum für Politik begeistern kann, indem man einen Politiker in den «Big Brother»-Container schickt.

Aber zurück in die 90er.

Hoff the Hehn

Auf ORF 1 liefen damals (wie heute) den ganzen Nachmittag lang amerikanische Serien. Statt «Schwarzwaldklinik» und «Traumschiff» guckte ich «Knight Rider» und «Baywatch». Und wollte nur eines: Rettungsschwimmerin werden. David Hasselhoff war damals hierzulande populärer als in seiner Heimat, schließlich wirkte er, unbestätigten Gerüchten zufolge, sogar am Fall der Berliner Mauer mit. Die Live-Aufnahmen seiner «Looking for Freedom»-Performance in blinkender Lederjacke am Silvesterabend 1989/1990 vor dem Brandenburger Tor schrieben «ZDF History» – wo sich Sascha Hehn an diesem Abend aufhielt, ist nicht bekannt.

In den 90ern ließ sich Hehn als «Frauenarzt Dr. Markus Merthin» am Chiemsee nieder, und David Hasselhoff versuchte sein Glück als Privatdetektiv in «Baywatch Nights». In den Nullerjahren kehrten Hehn und Hoff in den Schwarzwald und an den Strand zurück, um mit TV-Specials an ihre Serien-Erfolge aus den 80ern anzuknüpfen, was bei den *digital natives* nur ein müdes Achselzucken auslöste. Und doch wurde David Hasselhoff eher unfreiwillig ein Star 2.0, indem er 2007 mit dem sogenannten Burger-Video einen viralen Hit landete. Das von seiner Tochter privat aufgenommene Handyvideo zeigt den halbnackten, volltrunkenen Hoff bei dem Versuch, einen Burger zu essen. Irgendwie gelangte das Video ins Netz und wurde millionenfach geklickt. In der Folge bekannte sich David Hasselhoff öffentlich zu seinem Alkoholismus und trieb 2010 mit einem denkwürdigen Auftritt im ARD-«Musikantenstadl» den Zuschauern die Tränen in die Augen, als er per Skype-Live-Schalte mit seinem 85-jährigen Vater plauderte und gemeinsam mit dem Gastgeber der Show, Andy Borg, den er als seinen «Hoff-Bruder» bezeichnete, «Looking for Freedom» performte.

Das Wort «bizarr» beschreibt diesen Auftritt nur unzureichend. Erstaunlicherweise überstand David Hasselhoff sämtliche Höhen und Tiefen des Showgeschäfts, bis ein Baum beinahe sein Schicksal entschieden hätte. 2014 wurde er nämlich von einem amerikanischen Internet-News-Portal für tot erklärt, angeblich sei er bei einem Snowboard-Unfall in Zermatt ums Leben gekommen. Wörtlich hieß es: «Hasselhoff verlor die Kontrolle über sein Snowboard und fuhr mit überhöhtem Tempo gegen einen Baum.» Tatsächlich war der Hoff gerade Snowboardfahren in Zermatt, allerdings gab es auf der Piste natürlich weit und breit keine Bäume. Wen wundert's?

Kurz darauf tauchte auch der verschollen geglaubte Sascha Hehn wieder im ZDF auf – und zwar als «Sascha Hehn». Zum 50. Senderjubiläum ließ er sich für die hauseigene Satire-Sitcom «Lerchenberg» verpflichten, in der «Sascha Hehn», ein selbstverliebter, realitätsferner, abgehalfterter 80er-Jahre-Darsteller, filmisch wieder Fuß zu fassen versucht. Einer jungen Redakteurin fällt die undankbare Aufgabe zu, ein geeignetes Comeback-Format für ihn zu finden. Klingt lustig, ist es auch. Kurz nach der Ausstrahlung der ersten Staffel übernahm Sascha Hehn dann allerdings «in echt» das Traumschiffsteuer, und «Lerchenberg» wurde nach der zweiten Staffel – sehr zum Bedauern aller Akteure – ohne Begründung eingestellt, obwohl Sascha Hehn in Interviews bekannte, dass er große Lust gehabt hätte, weiterhin den «Hehn» zu spielen. Auch der totgesagte David Hasselhoff hatte zu dieser Zeit begriffen, dass die Rolle seines Lebens die des «David Hasselhoff» ist, und während Sascha Hehn wieder in einer schlecht sitzenden Uniform durch die Weltmeere gondelte, stellte der Hoff sein selbstironisches Potential in einem ganz ähnlichen Format wie «Lerchenberg» unter Beweis: der britischen Mockumentary «Hoff the Record» des Bezahlsenders Dave. In der Comedy-Serie versucht sich David Hasselhoff als «David Hasselhoff» an einem Comeback in Großbritannien. Zu Beginn erwartet den Hoff in London ein

Casting für ein David Hasselhoff-Biopic. Er gibt sein Bestes, bekommt die Rolle natürlich nicht – und eine durchgeknallte Odyssee auf der Insel nimmt ihren Lauf. Die Lacher in «Hoff the Record» gehen natürlich auch auf Kosten der Deutschen. Am Ende der ersten Folge taucht nämlich, ganz unverhofft, Hoffs «deutscher» Sohn Dieter auf, der in der Nacht des Mauerfalls in Berlin gezeugt wurde und endlich seinen Vater kennenlernen will. Dieter kann kein «th», trägt Brille und Trainingsanzug, füttert gerne Tauben und weicht seinem Vater nicht von der Seite. Zum Totlachen.

Verbotene Liebe

Gar nicht zum Lachen war mein erstes «heute journal» am 25.8.1992: In Rostock-Lichtenhagen skandierte ein deutscher Mob «Deutschland den Deutschen! Ausländer raus!» und steckte ein Hochhaus in Brand – «Jetzt werdet ihr gegrillt!» –, in dem sich 115 vietnamesische Vertragsarbeiter und ein Fernsehteam der ZDF-Sendung «Kennzeichen D» befanden. Die Feuerwehr kam nicht durch den Mob, die Polizei und der Bundesgrenzschutz schauten zu – aber in letzter Sekunde konnten sich die Eingeschlossenen über das Dach doch noch ins Nachbargebäude retten.

Ich hatte Albträume, meine Eltern auch, und wir sahen uns schon als «Die Auswanderer» avant la lettre, doch kurze Zeit später zogen in ein leerstehendes Gebäude in unserer Nachbarschaft Geflüchtete und Asylbewerber ein – und wir hatten jede Menge zu tun. Meine neue Banknachbarin in der Schule hieß Hatice und kam aus dem Kosovo. Nachmittags half ich ihr beim

Deutschlernen und bei den Hausaufgaben. Hatice kam lieber zu mir, weil sie mit ihren Eltern und ihren zwei Geschwistern in einem Zimmer lebte und wir in einem Haus mit großem Garten. Ich war lieber bei Hatice im Asylbewerberheim, denn da gab es Ravioli aus der Dose und der Fernseher lief den ganzen Tag. Wir wurden beste Freundinnen, und als die erste ARD-Daily-Soap «Verbotene Liebe» 1995 startete, waren Hatice und ich ab Folge 1 dabei. Ich erinnere mich noch gut an eine großformatige Plakatkampagne der Serie. Auf dem Plakat war eine junge Frau zu sehen, die auf dem Rand eines Bettes saß und sich anzog. Ein junger Mann lag neben ihr. Darunter stand: «Das war also Sex mit Niko und dafür habe ich jetzt Verbotene Liebe verpasst.»

So eine Kampagne wäre heute undenkbar. «Verpasst», dieses Wort existiert nicht mehr im Fernsehen, dessen Macht damals auf der Einmaligkeit der Ausstrahlung basierte; um «nichts zu verpassen», mussten die Zuschauer ihren Tagesablauf dem Fernsehen anpassen. Hatice und ich versuchten sämtliche Freizeitaktivitäten, Arztbesuche etc. so zu takten, dass wir werktags um Punkt 17.55 Uhr vor der Glotze sitzen konnten. Manchmal machten uns Wetter, Straßenverhältnisse oder Wartezeiten einen Strich durch die Rechnung. «Schneller! Schneller!», riefen wir im Chor von der Rückbank, den Sekundenzeiger im Blick und die genervten Kommentare meiner Mutter im Ohr. Kaum hielt das Auto in der Einfahrt, sprangen wir raus, rannten rein, drückten den Knopf und starrten auf die Mattscheibe. Auf die Gefahr, durch das Fernsehen das wahre Leben zu verpassen, wies Helmut Schmidt bereits 1978 hin. In der ZEIT plädierte er für einen fernsehfreien Tag, als Anstoß für mehr Miteinander in unserer Gesellschaft, denn «die Erfahrungsbedürfnisse des Menschen werden durch das Fernsehen wohl oft nur zum Schein befriedigt. Das Fernsehen produziert die Illusion vom Dabeisein, vom Mitmachen, vom Mitentscheiden. Tatsächlich ist aber derjenige, der vor dem Fernsehgerät sitzt, in seiner Wahrnehmung mit sich allein. Die auf dem Bildschirm auftretenden Personen besetzen zwar die Phantasie des Zuschauers, er kann mit ihnen jedoch nicht in eine lebendige unmittelbare Beziehung treten, z. B. in ein Gespräch. Es entsteht eine Pseudogemeinschaft.»

Soap-Süchtige wissen, was gemeint ist. Hatice und ich hassten Wochenenden, Feiertage, Sportübertragungen und unvorhergesehene Großereignisse, denn dann wurde das Programm geändert und «Verbotene Liebe» entfiel. Unsere Trauer um Lady Di hielt sich demnach in Grenzen. Zu dieser Zeit wollte ich übrigens gar nichts werden. Ich war anti alles und guckte so viel Fernsehen wie nie mehr in meinem Leben.

9/11

Ende der 90er Jahre begann ich mich für Politik und Literatur zu interessieren, abonnierte die taz, las Hannah Arendt und träumte vom Ende des Kapitalismus. Bis zum 11. September 2001 glaubte ich fest daran, dass man mit Worten die Welt verändern kann, dabei hatte der amerikanische Autor Don de Lillo schon in seinem 1992 erschienenen Roman «Mao II» darauf hingewiesen, dass die Terroristen den Schriftstellern den Rang längst abgelaufen hatten: «Was die Terroristen gewinnen, verlieren die Schriftsteller. Was sie an Einfluss auf das Bewusstsein der Massen hinzugewinnen, verlieren wir als Gestalter von Sensibilität und Gedanken. Die Gefahr, die sie darstellen, entspricht unserem Versagen, gefährlich zu sein.»

Terroristen produzieren Bilder, und Bilder gelangen durch die medialen Verteilungsmechanismen mit rasender Geschwindigkeit an ihr Ziel, sie überfallen den Zuschauer in seinem Wohnzimmer und wirken direkt auf ihn ein. De Lillos Roman liest sich vor dem Hintergrund der Ereignisse von 9/11 und allem, was darauf folgen sollte, damals wie heute, als erschreckend präzise Analyse unserer Zeit: «Je deutlicher wir den Terror sehen, desto weniger Eindruck macht die Kunst auf uns. (...) In Gesellschaften, in denen nur noch Lauheit und Übersättigung herrscht, ist Terror die einzig sinnvolle Tat. Es gibt zuviel von allem, mehr Dinge und Botschaften und Bedeutungen, als wir in zehntausend Leben gebrauchen können. Trägheitshysterie. Ist Geschichte möglich? Meint es irgendjemand ernst? Wen sollen wir ernst nehmen? Nur den todbringenden Gläubigen, den Menschen, der für seinen Glauben tötet und stirbt. Alles andere wird absorbiert. Der Künstler wird absorbiert, der Wahnsinnige auf der Straße wird absorbiert und abgefertigt und einverleibt. Kriegt einen Dollar, kommt in die Fernsehwerbung. Nur der Terrorist steht außerhalb. Die Kultur hat keinen Weg gefunden, ihn zu assimilieren. Es ist verwirrend, wenn sie Unschuldige töten. Aber genau das ist die Sprache, die Aufmerksamkeit erregt, die einzige Sprache, die der Westen versteht. Die Art und Weise, in der sie bestimmen, wie wir sie sehen. Die Art und Weise, in der sie den Ansturm endlos strömender Bilder dominieren.»

Aufmerksamkeit ist das höchste Gut in unserer «Guckguck-

Welt» (Postman), das weiß seit dem 11. September jeder Terrorist. Die Kameras hielten drauf, und weltweit saßen Millionen sprachlos und gebannt vor dem Fernseher und sahen in Echtzeit, wie die Boeing 767 in den Südturm des World Trade Centers einschlug. Wer Bilder macht, hat Macht und trägt Verantwortung, auch dieses Problem ist seitdem ein Diskurs-Dauerbrenner. «Das Fernsehen ist Bestandteil des Attentats», kritisierte Paul Virilio die Medien in einem Interview mit der Frankfurter Allgemeinen Zeitung, «die Bilder gehören zu seinem Ablauf. Der Katastrophenfilm der Wirklichkeit existiert nur dank CNN. Es gibt eine Mitschuld der Medien, auch wenn sie eine indirekte ist.»

In demselben Interview sagte Paul Virilio übrigens auch noch einen anderen klugen Satz, den ich mir übers Bett gehängt habe: «Die simultane Abbildung einer Katastrophe hat nichts mit Information zu tun. Je intensiver gesendet wird, umso weniger weiß man im Allgemeinen.»

Ich wollte mehr über Bilder, ihre Entstehung und Wirkungsweisen erfahren und begann an der Münchner Filmhochschule (HFF) zu studieren. Am ersten Tag begrüßte Dr. Gerhard Fuchs, der damalige Präsident der Hochschule und Fernsehdirektor des Bayerischen Rundfunks, uns Erstsemester mit den verheißungsvollen Worten: «Sie sind hier an einer Elitehochschule, Sie werden im Taxi hinten sitzen.» Diese Prophezeiung sollte sich für die meisten von uns als unzutreffend erweisen. Die Mehrheit fährt bis heute Fahrrad.

Was Werner Herzog den nachfolgenden Generationen wohl prophezeit hätte? Im März 2015 bewarb er sich nämlich um das freigewordene Präsidentenamt der Hochschule. Sein Bewerbungsschreiben wurde 2016 geleakt und in Auszügen in einem studentischen Magazinbeitrag auf der Website des Münchner Filmfests und auf *YouTube* präsentiert:

«I. Qualifikation, allgemein: Ich habe kein abgeschlossenes Universitaetsstudium und habe auch nie eine Ausbildung zu irgend etwas gehabt, außer einer oberflaechlichen als Punktschweisser in einer Stahlfabrik. Das war, als ich 16 Jahre alt war. Angebote von Universitaeten, mir einen Doktortitel honoris causa zu verleihen, habe ich alle abgelehnt. Darunter waren Cambridge, Stanford, die New York University und etwa ein Dutzend andere. (...) Ich spreche mehrere Sprachen fließend, und einige leidlich. (...) Das Time Magazine hat mich vor einigen Jahren in die Liste der 100 Most Influential People on this Planet aufgenommen.

II. Qualifikation, speziell: Wenn man die kuerzeren Filme mit einrechnet, habe ich etwa 70 Filme gemacht, wobei zahlenmaessig meine Dokumentarfilme die Spielfilme übertreffen. (...)»

Trotz lebendem Legendenstatus bekam Herzog den Job in München bekanntlich nicht. Als er im Januar 2018 an der HFF eine Masterclass abhielt, war das Audimax überfüllt und Herzog erzählte von seinen Heldentaten, von Kino, Krieg, Kinski und Co. und alle Anwesenden hingen gebannt an seinen Lippen. Ich glaube, dass Inspiration und Mut am Wichtigsten sind für alle, die künstlerisch arbeiten (wollen). Werner Herzog verkörpert beides.

Angeblich hat er sich 2017 erneut an der HFF auf eine freie Stelle beworben, aber das ist nur ein Gerücht. Von Gerüchten wimmelt es im Übrigen nur so an Filmhochschulen oder in öffentlich-rechtlichen Rundfunkanstalten. Blöd ist, wenn aus Gerüchten Nachrichten werden, was leider immer häufiger passiert und immer häufiger so richtig nach hinten losgeht:

Am 22. Juli 2016, als ein 18-Jähriger im Schnellrestaurant eines Münchner Einkaufszentrums kurz vor 18.00 Uhr um sich schoss und schließlich neun Menschen und sich selbst tötete, hielt sich das Gerücht von den «drei Männern mit Langwaffen», die Richtung Innenstadt unterwegs seien, fast sechs Stunden lang. Der öffentliche Nahverkehr wurde eingestellt, der Hauptbahnhof evakuiert, Taxifahrer waren dazu angehalten, keine Fahrgäste aufzunehmen, über dem Stadtzentrum kreisten Hubschrauber, die GSG9 wurde angefordert und alle möglichen Leute hörten Schüsse, wo keine Schüsse fielen. Ich saß in einer Kneipe fest, die vier Kilometer von meiner Wohnung entfernt war, und beantwortete hysterische Kurznachrichten und Anrufe aus aller Welt mit: «Es geht mir gut.»

Was in dieser Nacht im Fernsehen zu sehen und zu hören war, hatte nichts mehr mit Information zu tun – von den sozialen Medien ganz zu schweigen. Die Faktenlage war dürftig und vieles, was gemeldet wurde, erwies sich kurz darauf als falsch. Nichtsdestotrotz wiederholten Moderatoren, Experten und Reporter der öffentlich-rechtlichen und privaten Sender in Endlosschleife, was sie nicht wussten, und füllten Sendezeit, indem sie wahlweise den mutmaßlich islamistischen oder fremdenfeindlichen Hintergrund des Anschlags erörterten und ein verwackeltes Handyvideo, auf dem nicht viel zu erkennen war, analysierten.

«Meinungsfreiheit ist eine Farce, wenn die Information über die Tatsachen nicht garantiert ist», schrieb Hannah Arendt

1967 in ihrem Essay «Wahrheit und Lüge in der Politik». Und weiter: «Die Tatsacheninformation spielt im politischen Denken eine ähnliche Rolle wie die Vernunftwahrheit im philosophischen Denken; in beiden Fällen inspiriert sie das Denken und hält die Spekulation in Schranken.»

Der «unwahrscheinlichste *YouTube* Hit» (Rheinische Post) der Gegenwart ist übrigens das ZDF-Gespräch zwischen Hannah Arendt und Günter Gaus aus der Sendereihe «Zur Person» aus dem Jahr 1964. Das erste Gespräch mit einer Frau in der Reihe wurde über eine Million Mal geklickt, und die zahllosen Kommentare unter dem Video zeigen, dass es hierzulande anscheinend jede Menge Menschen gibt, die sich heute nach genau diesem Fernsehen sehnen:

John Hurk: «(...) Dieses Gespräch gehört zu den wirklichen Highlights der deutschen Fernsehgeschichte (...) Die Deutsche ARD/ZDF-Landschaft ist seitdem soviel öder geworden. Wir leben heutzutage in einer Zeit des politisch-historischen Analphabetismus.»

TOFKAS01: «Tja, früher sprach im Fernsehen Günther Gaus mit Hannah Arendt. Heute spricht Anne Will mit Howard Carpendale ...»

Gustavson Dogbacker: «... wo sind im deutschen TV Interviewer, die zu einer Antwort sagen können, ‹Ich verstehe ...›, geblieben?»

Moritz606: «Um Gottes willen, wie charismatisch ist bitte diese Frau.»

Ja, die Arendt ist charismatisch, so charismatisch, wie sie in Margarete von Trottas ausgezeichnetem Film «Hannah Arendt» aus dem Jahr 2012 nie rüberkommt, aber das liegt vermutlich an Barbara Sukowa, die ein bisschen biedermeierlich wirkt und irgendwie sauertöpfisch guckt. Margarete von Trotta hält sich in ihrem Film an die Fakten, was bei den meisten deutschen Filmen, die sich der Vergangenheit widmen, eher die Ausnahme ist. Nicht selten landet das dramaturgische Verhältnis vieler Filmemacher zur Wahrheit vor Gericht.

2009 klagte die Witwe des Bankiers Jürgen Ponto gegen die Produktionsfirma Constantin Film wegen der falschen Darstellung des Mordes an ihrem Mann im Film «Der Baader Meinhof Komplex». Anders als im Film behauptet, habe sie den Mord an ihrem Mann aus unmittelbarer Nähe miterlebt und sei nicht, wie im Film gezeigt, auf der Terrasse gesessen. Außerdem hätten die Täter Schalldämpfer benutzt, was im Film nicht der Fall ist. Der Antrag auf eine einstweilige Verfügung gegen den Film wurde vom Landgericht Köln abgewiesen. Zur Begründung führten die Richter in ihrem Urteil an, die Vorgänge des Terrorjahres 1977 seien ein besonders herausragendes Ereignis der Zeitgeschichte, bei dessen filmischer Darstellung die fragliche Szene derart in den Gesamtorganismus des Filmes eingebettet sei, dass das Persönliche und Private der Klägerin und ihres Ehemannes hinter die Filmfigur zurücktrete.

Fack ju Göthe

Apropos Urteil. 2018 erlitt die Constantin Film eine herbe Niederlage, als das Gericht der Europäischen Union in Luxemburg entschied, der Filmtitel «Fack ju Göhte» sei zu vulgär, um ihn als Markennamen zu schützen. Die Produktionsfirma wollte den Titel der Erfolgsfilme zu Werbezwecken als Marke eintragen lassen. Dabei wäre das gar nicht nötig gewesen, denn auch ohne extra Schutz funktioniert die dreiteilige Erfolgsfilmreihe des Drehbuchautors und Regisseurs Bora Dagtekin bestens als Werbebotschafter für *Dickmann's, Absolut Vodka, Red Bull, Orangina* oder *McDonald's*. Die Geschichte rund um den kleinkriminellen Ex-Knacki Zeki Müller, der in einer Mittelschule als Lehrer anheuert, beinhaltet nämlich jede Menge versteckter und offensichtlicher Produktplatzierungen fürs junge Zielpublikum. Das ist mittlerweile gang und gäbe, allerdings kommt es ganz darauf an, inwieweit die Produkte Teil der Geschichte werden. Also: Trinkt man einfach nur *Absolut Vodka*, sagt man laut und deutlich *Absolut Vodka* oder kreiert man um den *Absolut Vodka* herum eine Geschichte, in der der *Absolut Vodka* zum Ziel der Handlung wird?

In «Fack ju Göhte 2» fahren die Schüler mit ihrem Lehrer Zeki auf Klassenfahrt nach Thailand, weil Zeki Diamanten in ein Plüschtier eingenäht hat, das seine Freundin blöderweise in einen Spendencontainer nach Thailand gesteckt hat. Aus dramaturgischen Gründen landen die Diamanten im Meer, und Zeki rekrutiert eine Gruppe obdachloser Waisenkinder, die ihre Eltern bei einem Tsunami verloren haben, als Perlentaucher. Als er von den Waisen wissen will, was sie für ihre Tauch-Dienste haben wollen, verlangen sie – man höre und staune – *McDonald's*-Gutscheine, ganz unironisch. Und zum Schluss gibt es dann auch, ganz unironisch, das große *Happy Meal* beim *McDive* am Strand in Thailand. Da sitzen die Waisen, die Mittelschüler und der Lehrer und stopfen überglücklich Cheeseburger und *Chicken McNuggets* in sich rein.

Das stieß einigen Kritikern unangenehm auf, und die Deutsche Presse Agentur (DPA) wollte wissen, auf wessen Mist das gewachsen sei: Die Constantin sei an *McDonald's* herangetreten, sagte ein Sprecher der Fastfoodkette der DPA. Eine Sprecherin der Constantin gab folgende Auskunft: «Die Constantin geht bei ihren Kinoproduktionen in einigen wenigen Fällen Marketingkooperationen ein. Wir veröffentlichen nicht, um welche Produkte es sich handelt und welche Konditionen im Einzelfall vereinbart wurden.» Ob und inwiefern die Marketingkooperationen das Drehbuch beeinflussen, wollte die Constantin auf Anfrage des Nachrichtenmagazins Der Spiegel nicht kommentieren. Eine Sprecherin des FilmFernsehFonds Bayern, der den Film, laut Esslinger Zeitung, mit rund 3 Millionen Euro unterstützte, sagte, in den Förderrichtlinien stehe nichts über Product Placement. Das habe keinen Einfluss darauf, wie viel Geld ein Film bekomme. In den Förderrichtlinien des FilmFernsehFonds Bayern steht: «Die Förderung soll zur Steigerung der künstlerischen und kulturellen Qualität der Film- und Fernsehproduktion und der Leistungsfähigkeit der bayerischen Produktionswirtschaft beitragen und eine vielfältige Kulturlandschaft gewährleisten. (...) Maßstäbe für künstlerische und kulturelle Qualität sind unter anderem die inhaltliche, historische, zeitgeschichtliche, schöpferische, soziale oder gesellschaftliche Relevanz des Stoffes (...).»

Von welcher inhaltlichen, historischen, zeitgeschichtlichen, schöpferischen, sozialen oder gesellschaftlichen Relevanz wir sprechen, wenn eine kinematographische Erzählung derart offensiv und geschmacklos (obdachlose Waisenkinder wollen *McDonald's*!), für ein Fastfood-Imperium wirbt, ist mir schleierhaft.

Die Spätfolgen von Auschwitz

In der Einleitung seines Beitrags zur Geschichte des deutschen Films «Von Caligari zu Hitler» schrieb der Filmkritiker und Reporter Siegfried Kracauer 1958, dass die Filme eines Volkes dessen Denkart unmittelbarer widerspiegeln würden als andere Ausdrucksmittel, da sie die «seelischen Anlangen eines Volkes, zu einem ganz bestimmten Zeitpunkt in seiner Geschichte» erfahrbar machen. Nach «Otto – Der Film» ist «Der Schuh des Manitu» von 2001 der erfolgreichste deutsche Film der Nachkriegsgeschichte, eine selten dämliche Parodie auf die Karl May-Verfilmungen der 60er, die fast 12 Millionen Besucher in die Kinos lockte und rund 65 Millionen an den Kassen einspielte.

«Der Schuh des Manitu, das sind die Spätfolgen von Auschwitz!», stellt der jüdische Rentner und Holocaust-Überlebende Ephraim Weitzmann in Andreas Arnstedts Film- und Fernsehsatire «Der Kuckuck und der Esel» aus dem Jahr 2014 klar, schließlich hätten die Nazis die gesamte jüdische, kreative, schwule Intelligenzia des Landes ausgerottet oder vertrieben: «Der Witz ist tot! Die Intelligenz ist tot!»

In Arnstedts Film entführt Ephraims Sohn, Konrad Weitzmann, ein erfolgloser Drehbuchautor, einen öffentlich-rechtlichen Fernsehredakteur in die Schrebergarten-Laube seines Vaters in der ostdeutschen Provinz, um ihn zu zwingen, mit ihm sein abgelehntes Drehbuch «Der Orangenhain», die israelisch-palästinensische Liebesgeschichte seiner Eltern, zu überarbeiten. Klingt lustig, ist es auch, aber nur am Anfang, denn dann kippt das Ganze und nimmt ein bitterböses Ende, so viel sei verraten.

Natürlich gab es auch im deutschen Nachkriegskino eine bessere als die Bully-Herbig-Phase, nämlich den Neuen Deutschen Film. Und da die jungen Wilden von damals immer älter werden, runde Geburtstage feiern, Lebenswerkspreise kriegen oder das Zeitliche segnen, gibt es glücklicherweise genug Anlässe, die Leinwände der Filmmuseen und Kinematheken, die einzigen Orte, an denen noch Filmprojektoren stehen, mit cineastischen Sternstunden von Gestern zu bespielen.

München feierte 2018 den 80. Geburtstag des bajuwarischen Enfant terrible Herbert Achternbusch und zeigte seine filmischen Auseinandersetzungen mit der Heimat in einer Retrospektive. Darunter war auch sein erster Schwarzweißfilm «Das letzte Loch», aus dem Jahr 1981, den der Kritiker und Regisseur Helmut Schödel damals in der ZEIT als den «besten, ehrlichsten, kühnsten, traurigsten, aufregendsten und bewundernswertesten Film», den er je gesehen habe, bezeichnete. Ein Film über die Unfähigkeit zu trauern, der übrigens ganz ohne Produktplatzierungen, blöde Witze und Filmförderung auskommt.

Der Biertrinker Nil, den Achternbusch selbst spielt, wird die Gedanken an die sechs Millionen Juden einfach nicht los und sucht schließlich einen Arzt auf: «Ich brauche Bier, damit ich die Juden vergesse. Mit einem jeden Bier vergesse ich 500 000 Juden. Aber in der Nacht kommen sie alle auf einmal: Nach 12 Halbe Bier kommen mir 6 000 000 Juden. Aber nach den 40 Halbe Bier, die ich täglich trinken muss, kommen mir 20 Millionen. Und das sind nicht einmal die Hälfte derer, die im Zweiten Weltkrieg den Tod gefunden haben, das sind gerade die Russen, die von den Deutschen abgeschlachtet wurden. Bringen Sie mich um!»

Doch sein Arzt weiß was Besseres: «Trinken Sie Schnaps! Bier bringt die Erinnerung durcheinander, auf Schnaps können Sie vergessen. Ich verschreibe Ihnen Schnaps. Bei 2 cl vergessen Sie einen Juden, das macht bei 6 Millionen –»

Der Nil folgt dieser Anweisung, er trinkt einen Schnaps nach dem anderen und sucht die «letzte Susn», die «Blöde Wolke», erschießt aus Versehen das «Grüne Arschloch», und alles endet am Meer auf Stromboli, wo der Nil sich in den Vulkankrater stürzt, *das letzte Loch*, weil er nicht zum Mördervolk der Deutschen gehören will: «Leider bin ich für einen Juden zu dumm, aber ich zähle mich nicht zu den Deutschen. (...) Ich begehe Selbstmord, denn als Selbstmörder gehöre ich zum Totenberg der Opfer. Zum Totenberg der selbstgerechten Deutschen will ich nicht gehören. Leb wohl ...»

1982 erhielt Achternbuschs Film, den Helmut Schödel eine «Farce» im besten Sinne nennt, beim Bundesfilmpreis das Filmband in Silber. «Achternbuschs Film ist keine Komödie und keine Tragödie, sondern eine Farce. Nach dem Grauen des Zweiten Weltkriegs war dies (durch Frisch und Dürrenmatt) eine Form der fünfziger Jahre. Vor dem Grauen unserer Zukunft wird sie die Form der frühen achtziger werden, auch das lehrt Achternbuschs Film.»

Apropos Grauen. Im Sommerloch 2018 sorgte in der Hauptstadt ein größenwahnsinniges Filmprojekt namens «DAU» für Schlagzeilen. Die Berliner Festspiele und eine Reihe Kulturschaffender wollten nämlich die Mauer wiederaufbauen, um das – auch mit deutschen Geldern finanzierte – Filmprojekt des russischen Regisseurs Ilya Khrzhanovsky zu präsentieren. Von 2009 bis 2011 hatte der Filmemacher auf einem 12 000 Quadratmeter großen Areal im ostukrainischen Charkiw eine originalgetreue Rekonstruktion des streng geheimen Moskauer «Instituts für Physikalische Probleme der Sowjetischen Akademie der Wissenschaften» errichtet, in dem der Quantenphysiker und Nobelpreisträger Lew Landau, mit dem Spitznamen DAU, zwischen 1938 und 1968 an der Erfindung der Wasserstoffbombe getüftelt hatte. In dieses Institut, eine stalinistische Zeitschleuse, lud der Regisseur, der schon seit 13 Jahren an einem Projekt über LanDAU arbeitete, rund 400 Mitwirkende zu einem filmischen Experiment ohne Drehbuch, Regieanweisungen oder Wiederholungen ein. Wer mitmachte, lebte und arbeitete dort zu den Bedingungen des Instituts. Das hieß zum Beispiel, dass alle Teilnehmer bis auf die Unterwäsche Kleidung aus der jeweiligen Epoche tragen mussten, egal, ob sie Darsteller, Kameraleute oder Techniker waren, und nur die in dieser Zeit verwendete Sprache benutzen durften. Gedreht wurde auf 35 mm, die Kamera schwang der Deutsche Jürgen Jürges. Finanziert wurde der ganze Spaß von dem russischen Oligarchen Sergey Adoniew. Landau selbst wurde prominent mit dem Dirigenten Teodor Currentzis besetzt, der amerikanische Regisseur Peter Sellars und der belgische Künstler Carsten Höller schauten vorbei, und auch die serbische Performancekünstlerin Marina Abramović war mit von der Partie. Nur die Presse musste – bis auf einen GQ-Reporter – draußen bleiben. Gerüchte über sektenähnliche Zustände am Set drangen dennoch nach außen. Über 700 Stunden wurden dokumentiert.

13 Spielfilme und eine Vielzahl von Serien sind bisher entstanden, die in einem ummauerten Areal rund um das Kronprinzenpalais Unter den Linden Mitte Oktober 2018 ihre Weltpremiere feiern sollten. Die Besucher sollten Visa-Anträge stellen und einen Fragebogen beantworten, bevor sie Zutritt zum Areal bekämen. Das Smartphone sollten sie abgeben und stattdessen ein spezielles DAU-Device erhalten, das sie durch das Areal führen würde. Am Ende der Tour sollten sie dann in einer Art Beichtstuhl ihre Erfahrungen sogenannten *listeners* anvertrauen, eine Aufgabe, für die das DAU-Institut bereits Priester, Telefonseelsorger, Schamanen und Sexarbeiter rekrutiert hatte. Diese Gespräche wären aufgezeichnet worden, damit sich die Besucher noch einmal mit der eigenen Selbsterfahrung hätten konfrontieren können. Der Berliner Spaß sollte um die 6,6 Millionen Euro kosten, die der in London ansässige Phenomen Trust von Adoniew übernehmen sollte. Am 9. November sollte die Mauer dann wieder fallen und das DAU-Projekt würde nach Paris und London weiterziehen. Filmkunst im Konjunktiv, denn die «Wir bauen die Mauer wieder auf»-Idee löste natürlich sofort hitzige Debatten aus. Während sich prominente Unterstützer wie die Kulturstaatsministerin Monika Grütters («Weltereignis!») und Gegner wie der Feuilletonchef des Tagesspiegel Rüdiger Schaper («Allmachtsphantasie eines Künstlers!») hauptsächlich über die Mauer um das Filmprojekt stritten, wurde die ganze Unternehmung von den zuständigen Berliner Behörden aus Sicherheitsgründen abgesagt.

Der Literaturkritiker und Autor Ijoma Mangold, der anscheinend zu den Auserwählten gehörte, die einen Großteil der Filme sehen durften, bedauerte in der ZEIT zutiefst, dass den

Berlinern «eines der aufregendsten Realexperimente überhaupt» entgehe: «Was zwischen den Teilnehmern passiert (zu denen auch notorische russische Neonazis gehörten), welche menschlichen Abgründe sich auftun, welche Mischung aus Gewalt und Apathie sich in diesem geschlossenen System einstellt, das ist nur schwer zu glauben. Die Sexorgien gehören zum Harmlosesten. Immer wieder möchte man ausrufen: ‹Das haben sie doch jetzt inszeniert, das ist doch nicht spontan so entstanden!› Aber genau das ist es.»

Halleluja!, möchte man ausrufen, denn ein erlebnisechter begehbarer Totalstaat, in den ein russischer Oligarch Millionen investiert, voller menschlicher Abgründe, harmloser Sexorgien – von denen Peter Laudenbach in der Süddeutschen Zeitung allerdings behauptet, dass sie sich «trotz allem Kunstanspruch kaum von harter Pornographie» unterscheiden – und einer Mischung aus Gewalt und Apathie, ist genau die Wahnsinns-Selbsterfahrung, die uns noch gefehlt hat, oder?

Da kette ich mich lieber an einen Baum,
nach
dem
Anderen,

denn Kunst kommt von Kontern, das habe ich von Herbert Achternbusch gelernt und von Cristiano Ronaldo.

Am Savignyplatz

An einem trüben, leicht windigen Tag Anfang März fanden sich die Acht nahe dem Savignyplatz in Berlin-Charlottenburg ein, wo sie sich im Diener Tattersall den Eckplatz sichern konnten. Vom lichten Tag hatten sie sich in die Umarmung einer schweren Gemütlichkeit begeben, zwischen nikotingebräunten Wänden, die dicht mit gerahmten Fotografien behängt waren, an Tischen aus dunklem Holz mit purpurnen Leinendecken. Die Wirtin Barbara hatte schon die erste Runde Getränke gebracht, als sich eine Diskussion über Oberflächlichkeit und Tiefsinn im deutschen Denken entspann ...

Leander Wenn man in Deutschland in der Kunst etwas Schönes oder sogar Unterhaltsames schaffen möchte, macht man sich der Oberflächlichkeit verdächtig. Dem Ernsten ist ja das Hässliche und Langweilige viel näher. Oder den Deutschen reicht es nicht, bloß die Symptome irgendeines Problems zu bekämpfen. Nein, sie wollen mit ihrer Ursachenforschung immer gleich den tiefen Kern eines Problems finden und beseitigen. Und die Literaturvermittler in den Verlagen, Zeitungen und Schulen schaffen es einfach nicht, anspruchsvolle Bücher an eine veränderte Leserschaft zu bringen, weil sie dazu ja oberflächliche Wege der Ansprache nutzen müssten. Oder die Deutschen denken mit ihrer Oberflächenneurose: «Was man am Körper trägt, fehlt einem im Kopf.» Daher die schlechte Mode. Und beim Essen ist die Reaktion auf die superbillige Tiefkühlpizza, die Teig gewordene Oberflächlichkeit, eine völlig übertriebene Gourmetküche, die auf jeden Fall mehr mit Ingenieurskunst zu tun hat als mit Genuss. So lassen sich doch unsere Befunde zusammenfassen.

Annekathrin Mal ehrlich, faktisch sind wir über diesen Gegensatz doch längst hinaus. Die extreme gesellschaftliche Liberalisierung der vergangenen Jahrzehnte hat dazu geführt, dass auch die Deutschen insgesamt sehr kulturoptimistisch geworden sind. Die obsessive Oberflächenkritik gehört der Vergangenheit an. Im Feuilleton lese ich davon nicht mehr viel.

Leander Gibt es dann vielleicht so etwas wie einen gesunden Mittelgrund? In Bezug auf das Essen wäre das eine gute Alltagsküche, auf der in kulinarischen Nationen wie Frankreich oder Italien ja auch alles weitere aufbaut. Eben nicht auf der Tiefkühlpizza, aber auch nicht auf dem Sternelokal.

Quynh In der Mode geht es in Deutschland oft nicht über den Mittelgrund hinaus, weil schnell als frivol gilt, was von der Masse abweicht. Und das ist kein idealer Nährboden, Außergewöhnliches zu schaffen.

Noemi Und im Fernsehen ist das Niveau stetig gesunken. Es hat sich mittlerweile auf einem unterirdischen Niveau nivelliert. Mittelgrund klingt dafür noch euphemistisch. Die Redakteure im öffentlich-rechtlichen Fernsehen sagen ganz oft: «Ach, wir würden ja gerne, aber ...» Faktisch haben sie aber einen Zuschauer vor Augen, der in den ersten drei Minuten «abgeholt» werden muss. Etwa in einem ZDF-Herzkino-Film, der nur auf eine ganz bestimmte Weise erzählt werden darf, anders geht's angeblich nicht. Woher kommt das eigentlich? Denn selbst meine Bekannten, die Rosamunde Pilcher gucken, sagen: «Eigentlich finde ich die Filme doof, ich gucke sie nur wegen England. Nur wegen der Landschaft, der schönen Schlösser.» Denselben Leuten gefallen die Jane Austen-Verfilmungen von der BBC viel besser. Das liegt an den Dialogen, an den Drehbüchern, an den Schauspielern. Warum ist es nicht möglich, sowas hier in Deutschland zu machen? Diese Frage stellen sich übrigens auch die Schauspieler bei Pilcher selbst. Auch sie finden die Filme schrecklich, machen es nur des Geldes wegen – und beklagen sich dann auch wieder darüber, dass die Drehtage immer weniger werden. Naja, es scheint jedenfalls eine merkwürdige Vorstellung zu geben von einem Zuschauer, von einer umfassenden Geistlosigkeit in diesem Land, der man anders nicht begegnen kann als durch die kontinuierliche Herabsenkung des Erzählniveaus. Was das deutsche Fernsehen betrifft, stimme ich also in die bekannte Leier ein: Früher war's besser. Das Bittere daran ist, dass andere Länder gleichzeitig in eine ganz neue Richtung gehen: Da wird noch oder wieder experimentiert, da wird was erfunden – und es kommt auch noch gut an!

Simon Aber Fernsehen ist doch nicht gleich Fernsehen. Wenn wir über die öffentlich-rechtlichen Sender sprechen, gibt es da nicht auch in Deutschland mittlerweile die unterschiedlichsten Ansätze, Stoffe anders zu erzählen als früher? Ich finde es zum Beispiel sehr interessant, wie in neueren Serien, etwa «Charité» oder bald ja auch «KaDeWe», die Geschichte zum Leben erweckt wird – nicht nur mit großem Budget, sondern schon auch mit einem Niveauunterschied zu Formaten, die in den 70ern oder 80ern in diesem Genre gedreht wurden. Da gibt es durchaus einen gewissen Fortschritt. «Babylon Berlin» ist doch das beste Beispiel dafür.

Noemi Hier würde ich entschieden widersprechen und aus der filmemacherischen Perspektive argumentieren, dass dieser ganze Geschichtskitsch, all diese Quotenhits wie «Charité», «Babylon Berlin» und auch «Ku'damm 56» bzw. «59» wahnsinnig konventionell erzählt sind. Vergleiche doch mal «Babylon Berlin» als Versuch einer filmischen Rekonstruktion der 20er mit der britischen Serie «Peaky Blinders», die ungefähr in derselben Zeit spielt. Natürlich unterscheiden sich die Handlungsstränge, aber im Großen und Ganzen geht es in beiden Fällen um die Verbindung von großen politischen und gesellschaftlichen Entwicklungen und der sogenannten Halbwelt: der Feier-Mafia in Berlin, dem Gang-Alltag in Birmingham. Allein wenn du dir die ersten fünf Minuten von «Peaky Blinders» ansiehst, wie hier zum Beispiel mit Musik von Nick Cave und Johnny Cash gearbeitet und eine erzählerische Brücke zur Gegenwart gebaut wird... Da wird die Story nicht einfach so heruntererzählt, mit pompösen Kamera-Einstellungen, so wie bei Charité und dem ganzen anderen deutschen High End History-Fernsehen, bei dem die Zuschauer am Ende denken: «Ah, okay, genau so war's!» Wie im Museum. Das ist eigentlich alles wahnsinnig brav.

Simon Das stimmt. Denn wenn es einen experimentellen Tatort gibt, zum Beispiel «Im Schmerz geboren» mit Ulrich Matthes, der völlig anders erzählt, dann fühlt sich ganz Fernsehdeutschland sofort um sein Hab und Gut gebracht.

Noemi Ja, genau.

Quynh In unserer Kultur herrscht eben eine gewisse Angst vor einem nuancierten, sinnlichen Zugang, und zwar auf allen Ebenen. Relevant ist, was analytisch erörtert werden kann. Alles, was sinnlich und ästhetisch ist, wird in eine Uni-Form gebracht, die jeglicher Tiefe entbehrt, weil das als nicht verdaubarer Gegensatz wahrgenommen wird. Das sieht man beispielsweise in der Philosophie: In Deutschland wird die analytische Philosophie der politischen Philosophie vorangestellt. Und anthropologische und existentielle Themenkonstrukte werden gar nicht erst als solche anerkannt, sondern in Kultur- und Literaturwissenschaft abgeschoben. Diese Hierarchisierung und der fast schon krankhafte Zwang zur Eindeutigkeit, der zu einem Mangel von Interdisziplinarität führt, ist doch schon ziemlich deutsch. Und das drückt sich dann eben auch in Bereichen wie der Mode aus, die als eindeutig oberflächlich gilt.

Daniel Dazu gehört dann auch die mangelnde Fähigkeit zu einem spielerischen Umgang mit Oberflächlichkeit, wie er etwa für gute Popmusik essentiell ist. Mich stört am deutschen

Pop überhaupt nicht seine Oberflächlichkeit. Im Gegenteil: Das Problem ist, dass der deutsche Pop in der Regel so verkrampft nicht oberflächlich sein will, dass das alles so wahnsinnig ernst gemeint ist, keinen Humor hat und kein Verhältnis zu seiner eigenen Beschaffenheit entwickelt. Popmusik muss aber immer ein bisschen neben sich stehen, um reflektieren zu können, was sie da veranstaltet. Sie ist bestenfalls ein Kommentar auf das eigene Schaffen. Anders als Helene Fischer, Max Giesinger oder Mark Forster singen «Die Nerven», die ich in meinem Text erwähnt habe, zum Beispiel immer schon indirekt über ihr eigenes Scheitern. Weil sie eigentlich wissen, dass das, was sie machen, im Jahr 2019 aussichtslos ist: noch als Rockband anzutreten. Es gibt also auch Positivbeispiele, aber nur wenige.

Lukas Mir ist etwas anderes aufgefallen: Wir sind alle Anfang/Mitte 30 und schreiben vielfach eine Geschichte, nach der früher alles besser war. Findet ihr das nicht auch irritierend? Ich tue mich zum Beispiel schwer mit der Aussage: «Bei Strauß und Wehner, da prallten noch Ideologien aufeinander, da fand noch eine richtige politische Debatte statt.» Diese vermeintliche Gewissheit wird ja gebetsmühlenhaft wiederholt, ohne dass wir jemals durch einen konkreten historischen Vergleich geprüft hätten, ob eigentlich etwas dran ist. Was die Politik angeht, hat man sich auch früher meistens durchgewurstelt, und die wirklichen Ideen, die nach vorne gezeigt haben, waren die seltene Ausnahme. Es ist erstaunlich, dass wir als relativ junge Gruppe selber in dieser heillos nostalgischen Perspektive gefangen sind. Oder, wie beim Fernsehen, auf andere Orte bezogen: «Ach, ist das traurig, dass wir nicht die BBC haben …»

Quynh Ich würde sagen, das ist eine Milieu-Frage. Menschen aus Ost-Deutschland zum Beispiel hadern zwar möglicherweise damit, dass ihr Geburtsland einfach verschwunden ist, aber ich glaube, die wenigsten unter ihnen blicken verträumt auf die DDR. Und für Deutsche mit Migrationshintergrund gilt das ebenso wenig. Deren Eltern sind oft aus erschwerten Bedingungen nach Deutschland gekommen, und sie selbst kämpfen noch immer mit dem Ankommen.

Noemi Ich würde wiederum sagen, das ist eine Generationenfrage. Meine Eltern haben nicht nostalgisch zurückgeblickt, und wenn ich mich an meine Jugend in den 80ern erinnere, dann gab's damals nach dem Krisenjahrzehnt der 70er wieder ein Gefühl von der Zukunft. Susan Sontag hat mal gesagt, dass sich Generationen immer zwischen zwei Polen bewegen: zwischen Nostalgie und Utopie. Viele von uns sind wohl näher an der Nostalgie. Mir gefällt diese Einsicht auch nicht.

Simon Aber es existiert doch erst einmal gar keine andere Möglichkeit für Kritik als die vergleichende Rückschau: Wir können die Gegenwart nur analysieren, indem wir auf die Vergangenheit zurückblicken. So gut und schön dieser Primat der Zukunft vor der Vergangenheit auch klingt: Er ist zumindest fragwürdig, weil wir ja nie wissen, was die Zukunft bringt. Aber was sich zum Beispiel in der deutschen Mentalität in den letzten dreißig Jahren, also seit der Wiedervereinigung, verändert hat, können wir zu beschreiben versuchen. Ich würde beispielsweise sagen, dass eine Entwicklung von der Ironie zur Ernsthaftigkeit festzustellen ist, die nicht unbedingt etwas mit Nostalgie zu tun haben muss. Die Zeiten der ironischen Brechung, oder wie Daniel gesagt hat: der selbstreflexiven Kunst, die ihre eigenen Produktionsmechanismen immer mitdenkt und sich gleichzeitig von ihnen distanziert, sind meiner Meinung nach vorbei.

Katharina Ich würde eher sagen, dass inzwischen sehr vieles nebeneinander existiert. Nostalgie, Oberflächlichkeit, Tiefe... Klar, da liest und hört man gegenwärtig überall auch wieder viel Ernsthaftigkeit heraus, vielleicht mehr als vor ein paar Jahren. Allerdings weiß ich nicht so recht, ob wir dabei überhaupt noch von deutschen oder für den deutschen Sprachraum zutreffenden Phänomenen sprechen können: im Sinne einer «deutschen Gegenwart», wie sie der Titel des Buchs suggeriert. Wir befinden uns ja länderübergreifend in einer Übergangszeit: nicht nur, was das Wirtschaftssystem betrifft, sondern auch im Hinblick auf den kulturellen Überbau. Dazu passt dann auch die Rückkehr von metaphysischen Setzungen wie Wahrhaftigkeit oder einer ganz und gar unironischen Historie, die wie ein fremdes Geschehen mit eigenem Sinnkern wahrgenommen wird. Also das, was du beschreibst, Simon.

Noemi Die Debatte über Takis Würgers Roman «Stella» – ob Holocaustkitsch oder zeitgemäße Vermittlung eines historischen Stoffs – war doch gerade wieder sehr deutsch, findest du nicht?

Katharina Doch, aber das hat natürlich seine Ursache im Umgang des Autors mit dem historischen Ort der Handlung, mit dem Nationalsozialismus. Ich fand die Kritik des Feuilletons hier wichtig. Dass aus der deutschen Geschichte dieser Zeit, insbesondere aus dem Holocaust, eine bleibende Verantwortung auch für die Gegenwart und Zukunft folgt, ist ja unbedingt richtig und wichtig und soll meiner Meinung nach bitte auch so bleiben. Das muss mit einer besonderen Sensibilität bei einigen Themen verbunden sein.

Leander Die aufgesetzte Ernsthaftigkeit hat in Deutschland aber auch strukturelle Gründe. Man hört ja immer wieder, Deutschland sei die Lokomotive in Europa: «Wir müssen vorneweg marschieren!» Ob bei der nachhaltigen Erzeugung von Strom, der Sparpolitik etc. Nur folgen anscheinend nicht so viele, wie wir das gerne hätten. Vielleicht handelt es sich dabei um das Los des größten Landes in der Europäischen Union. Wenn man sich zum Beispiel mit Slowenen unterhält, also mit Menschen aus einem relativ kleinen Mitgliedstaat an der europäischen Peripherie, fällt sofort deren Außenorientierung auf: Slowenen haben gar keine andere Möglichkeit, als irgendwo Anschluss zu suchen, während die Deutschen so unheimlich gesättigt sind und sich für ihre Nachbarn eigentlich überhaupt nicht interessieren. Unser Denken über Europa ist dann logischerweise oft auch ziemlich deutsch. Schon in der «Deutschen Ideologie» von Marx und Engels steht irgendwo, dass alle Länder Interessenpolitik betreiben – und nur die Deutschen meinen, dass das, was sie tun, in Wirklichkeit gut für alle ist. Was ich sagen möchte: Die strukturelle Dominanz Deutschlands äußert sich in einem Überlegenheitsgefühl in ganz unterschiedlichen Bereichen. Da muss man ein komplett eigenes System zur Erhebung von Autobahngebühren entwickeln und kann nicht einfach das «Pickerl» aus Österreich übernehmen. Oder man sagt: «Okay, die französische oder italienische Küche sind unserer überlegen, aber die haben einfach zu viel Zeit zum Kochen, weil sie nicht hart genug arbeiten.» Diese Arroganz nimmt – oft zum eigenen Nachteil – die Form der Selbstverachtung an: «Wir sind zu wichtig und zu ernst, um viel Zeit auf unsere Garderobe zu verschwenden. Wir müssen eigentlich nur essen, um zu funktionieren und produktiv zu bleiben. Essen wird ja verdaut, das ist nichts Bleibendes ...»

Lukas Du argumentierst im Prinzip auf zwei unterschiedlichen Ebenen. Die alltagskulturelle Arroganz ist in der Schweiz, jedenfalls in der deutschsprachigen Schweiz, vielleicht noch stärker ausgeprägt. Typischerweise sagt ein deutscher Tourist in Italien: «Das gäb's in Deutschland aber nicht!» Ein Schweizer sagt das aber ungefähr doppelt so häufig – und zwar gerade auch auf Deutschland bezogen. Insofern wäre ich etwas vorsichtiger, obwohl ich deinen Eindruck von einem alltagskulturellen Überlegenheitsgefühl der Deutschen ja durchaus teile. Nur kann sowas bei einem relativ kleinen Land wie der Schweiz eben auch vorkommen. Was auf der anderen Seite die politökonomische Makro-Ebene angeht, würde ich dir absolut zustimmen: Harte Interessen sind in Deutschland verpönt. Von reiner Interessenpolitik sprechen die Deutschen so ungern, dass sie sie am liebsten in moralische Fragen umdeuten, etwa bei der Aufstellung des Staatshaushalts. Diese ideologische Verschleierung von Interessen nimmt dann sogar biologistische Formen an: «Schon der Höhlenbewohner musste frühzeitig Fett ansetzen, um für den Winter vorzusorgen – also sollten sich die

Griechen, Spanier und Portugiesen ein Beispiel an uns nehmen und ihren Haushalt genauso streng führen wie eine schwäbische Hausfrau.»

Simon Um diese Frage nach dem spezifisch Deutschen mal auf die bildende Kunst zu beziehen: Hier gilt «deutsch» doch als ein wirkmächtiges Label – beispielsweise, um Werke von Gerhard Richter, Anselm Kiefer, Neo Rauch oder auch Anne Imhof auf dem internationalen Kunstmarkt anzupreisen.

Annekathrin Trotzdem ist der Kunstmarkt mittlerweile durch und durch globalisiert. Es wäre falsch, hier von einem Zeitalter der deutschen Kunst zu sprechen. Künstler wie Baselitz, Richter oder Rauch geben international ja längst nicht mehr den Ton an.

Leander Die Labels spielen aber eine Rolle. «Das deutsche Theater ist doch das, bei dem immer so herumgeschrien wird», habe ich von ausländischen Bekannten schon öfters gehört ...

Simon In der Tat ist im Ausland die Wahrnehmung einer deutschen Theaterschule im Moment stark ausgeprägt – vor allem dank der vielen Gastspiele der Berliner Schau- und Volksbühne. Nach Frank Castorf ist Thomas Ostermeier wohl der international erfolgreichste Theaterregisseur unserer Tage. Sicher hängt das auch mit guten Kontakten zum Goethe-Institut zusammen, aber dass im Ausland eine spezifisch deutsche Form des Theaterspiels wahrgenommen wird, lässt sich schwer bestreiten. Irgendwas Deutsches scheint in dieser Lars-Eidingerhaften Erschütterungspose eben schon zum Ausdruck zu kommen.

Quynh Man kann es auch umdrehen. Beim 100-jährigen Bauhaus-Jubiläum wurde zuletzt sehr selbstbezüglich über den deutschen Einfluss auf die Moderne diskutiert, so nach dem Motto: «Wie hat unsere Bauhaus-Architektur den Rest der Welt beeinflusst?» Dabei hat man überhaupt nicht berücksichtigt, dass die Schule durchaus von Einflüssen aus dem Nahen und dem Fernen Osten geprägt wurde. Die Innensicht auf die eigene globale Größe ist eben sehr beschränkt.

Lukas Und eine Außensicht, wie Simon sie beschrieben hat, ist ja auch mit Vorsicht zu genießen, oder? Wir sind wahrscheinlich auch alle in der Lage, eine Außensicht auf alle möglichen Länder zu produzieren – was aber völlig unklar lässt, ob die Menschen in diesen Ländern sich selber darin wiedererkennen würden.

Simon Das stimmt. Ich habe ja auch nur von der Rezeption gesprochen. In der Rolle des teilnehmenden Beobachters fallen solche Selbstzuschreibungen schwerer. Aus der ästhetischen Perspektive waren regionale Herkünfte für die verschiedenen Kunstsparten zuletzt wahrscheinlich interessanter als nationale, oder? Im Theater gab es die Gießener Schule, im Film die Berliner Schule, im Pop die Hamburger Schule ...

Daniel Nun ja, die Hamburger Schule gab es so ja nie, das war immer ein konstruierter Begriff, den die Adressierten nicht unbedingt geteilt haben. Das Gangsterrap-Label Aggro Berlin ist vielleicht das passendere Beispiel. Es hatte vor mehr als zehn Jahren seine große Zeit und existiert inzwischen auch nicht mehr so richtig. Aggro Berlin hatte einen sehr starken lokalen Bezug, weil es sich tatsächlich um Musik aus drei oder vier Berliner Straßen handelte. Aktuell vermisse ich dieses altmodische Konstrukt von Szenen in der deutschen Popmusik ein bisschen. Dass sich Gleichgesinnte wieder zusammentun. Vielleicht muss das heute weniger ortsgebunden sein als noch vor zehn oder zwanzig Jahren. Im Moment sehe ich da weit und breit nichts. Aber das Schöne beim Pop ist ja auch immer, dass ich jetzt wahrscheinlich nur zwei Minuten nachdenken müsste, um ein paar Gegenbeispiele zu finden.

An einem anderen Punkt würde ich Leander aber entschieden widersprechen, und zwar was das Dominanzgefühl der Deutschen betrifft. Für die Popmusik stimmt das überhaupt nicht. Deutsche Popmusiker haben eher einen grundlegenden Minderwertigkeitskomplex. Helene Fischer will inzwischen ja eigentlich was anderes sein als ein Schlagerstar. Sie versucht ihre Shows und ihre Musik immer stärker zu internationalisieren. Wenn sie live auftritt, dann covert sie Prince, um sich vom Schlager-Bierzelt-Klischee zu befreien. Man kann also nicht unbedingt sagen, die deutsche Popmusik versperre sich Einflüssen von außen. Das Problem, das man auch sehr gut an Figuren wie Mark Forster oder Max Giesinger beobachten kann, ist eher diese typisch deutsche Herangehensweise: «So, wir erarbeiten uns das jetzt!» Die Deutschen machen eigentlich keine Kunst, sie arbeiten Kunst.

Leander Ich meinte auch nicht, dass die Deutschen sich in jeder Domäne überlegen fühlen. Ganz wie du sagst: In gewissen Bereichen haben sie ein Minderwertigkeitsgefühl. Aber sie tun dann auch alles dafür, dieses Minderwertigkeitsgefühl metaphysisch aufzuladen. Dann sagen sie: «Also okay, die guten Hollywood-Filme, die gute Popmusik, all diese gefälligen Sachen kommen aus Amerika. Aber Amerika ist doch auch so ein furchtbar oberflächliches Land, da essen sie Weißbrot und kein Vollkornbrot. Wir beschäftigen uns hingegen mit den wirklich ernsten Dingen, mit dem tiefen Grund, und deswegen können die anderen ruhig Mode kreieren, Essen kochen, Gitarre spielen und singen – wir haben das Wahrhaftige. Wir lassen dieses überflüssige Zeug gar nicht erst an uns heran. Darin sind wir zwar nicht gut – aber ist das denn überhaupt wichtig? Geht doch eh nur um die Oberfläche ...»

Lukas Ist das typisch deutsch? Wird nicht jedes Land dazu neigen, die Dinge als tendenziell irrelevant zu klassifizieren, in denen es sich selber nicht wiedererkennt?

Quynh Ich würde schon sagen, dass diese fast pathologische Oberflächenneurose in Deutschland sehr viel ausgeprägter ist als in anderen Ländern. Das mag historische Gründe haben. Die Deutschen waren ja immer große Verfechter von einem Dualismus von Körper und Geist – und hielten dabei die Geistesmacht für viel wichtiger.

Annekathrin Aber ist es überhaupt produktiv, nach dem spezifisch Deutschen zu suchen? Ich kann damit nicht so viel anfangen. Erschreckend wäre es allemal, wenn in allem noch so ein deutscher Restprovinzialismus drinsteckt ...

Simon Aber was soll denn daran negativ sein? In jedem Kunstwerk spiegelt sich doch eine bestimmte Historie, ein bestimmtes Zeitbewusstsein. Deswegen kann es sehr interessant sein, zu fragen, was an einem Kunstwerk – auch im problematischen Sinne – deutsch oder gerade nicht deutsch ist. Die intellektuellen Probleme lösen sich ja nicht in Luft auf, nur weil man darauf verzichtet, Begriffe wie «deutsch» oder «Deutschland» in den Mund zu nehmen.

Annekathrin Das habe ich auch nicht gesagt. Natürlich sind Geschichte und Herkunft wichtige Einflussfaktoren. Ich denke dennoch viel weniger in solchen Kategorien als du. Die Frage ist doch: Wie produktiv ist es für eine Gegenwartsdiagnose, den Blick auf die vermeintlich deutsche Gegenwart zu lenken? Die Gegenwart lässt sich im 21. Jahrhundert vielleicht viel genauer beschreiben, indem man die Perspektive explizit weitet, über deutsche Besonderheiten hinaus.

Leander Ich denke, aus einer pragmatischen Sicht macht es total viel Sinn, sich auf Deutschland zu konzentrieren und zu gucken, was in Deutschland falsch läuft. Weil das nämlich der Ort ist, wo wir potenziell etwas ändern können.

Quynh Außerdem werden heute überall krasse identitätspolitische Kämpfe ausgefochten, die es fast schon unmöglich machen, sich in Deutschland oder Frankreich oder sonst wo nicht auf diese Debatten einzulassen. Man muss ja irgendwie kritisch darauf reagieren, wenn man den fundamentalistischen Kräften nicht kampflos das Feld überlassen will. Und es ist ja auch irgendwo ein nachvollziehbarer Impuls in Zeiten, in denen alles schneller und komplexer erscheint, nach Zugehörigkeit zu suchen. Vielleicht rührt daher diese Sehnsucht nach einem eindeutigen Ich und einem eindeutigen Wir.

Daniel Absolut. Und mir ist auch erst im Rückblick klar geworden, dass 2006 in dieser Hinsicht ein negatives Schlüsseljahr war. Während der vier Wochen Fußballweltmeisterschaft hat sich ein sehr positives Deutschlandgefühl entwickelt, das durch Popmusik befeuert wurde, z. B durch die Lieder von Xavier Naidoo, der sich mittlerweile ja auch als schlimmer Querfrontsänger entpuppt hat. Diese Entwicklung lebt in der Popmusik bis heute fort – und darüber hinaus im ganzen Land. Es gibt ein unheimliches Bedürfnis nach einer Normalisierung im Umgang mit der eigenen Geschichte, nach einem Deutschland-unverkrampft-gut-finden-Dürfen, nach einem positiven Nationalgefühl. Und dann ist die Gefahr natürlich immer groß, dass auch am Rand etwas passiert. Auf die Popmusik bezogen: Jemand wie Mark Forster öffnet mit seiner Musik indirekt die Tür für eine Band wie Freiwild. Das ist so.

Quynh Also ich würde die Frage stellen: Ist es für andere ein Türöffner oder deckt es nicht einfach nur etwas auf, das ohnehin passiert? Wie in dieser ganzen Diskriminierungs- und Rassismus-Debatte auch. Bei #metoo oder der Abwandlung #metwo geht es ja nicht um Dinge, die nicht passiert sind. Die frauenfeindlichen und rassistischen Debatten beruhen auf öffentlichen Erfahrungsberichten, auf Begebenheiten, die alle stattgefunden haben. Darüber wird nur jetzt erst gesprochen.

Katharina Es gab ja aber auch schon lange vor 2006 Bands wie die Onkelz, die ungebrochen Hallen gefüllt haben. Die Frage ist also, ob der Party-Patriotismus der Fußballweltmeisterschaft wirklich so bedeutsam war. Ich würde aber auch sagen, dass es zur Normalisierung eines positiven deutschen Nationalgefühls gekommen ist. Es war tatsächlich mal umstrittener, so etwas vor sich her zu tragen.

Daniel Mir geht's vor allem um diese Normalisierung. Die Onkelz waren – obwohl sie sehr viele Fans hatten – immer ein Outsiderphänomen in Deutschland, weil sie z. B. von MTV und VIVA boykottiert wurden. Die haben im Musik-Fernsehen zwischenzeitlich nicht stattgefunden.

Katharina Damals gab es auch noch eine starke Subkulturen-Szene, die sich mittlerweile aufgelöst hat und im «Mainstream der Minderheiten» aufgegangen ist. Freiwild verfügt dementsprechend über keine eigene Subkultur mehr, sondern ist Mainstream.

Simon Was ist das Gefährliche an Freiwild?

Daniel Na, die Öffentlichkeit, die sie erreichen. Dass sie auf der Echo-Bühne stehen, ihren Preis bekommen. Klar, das wurde kontrovers diskutiert, aber es ist ja dennoch einfach passiert.

Die Leute, die diesen Preis vergeben, sind nicht auf die Idee gekommen, dass Freiwild eine rechte Band ist. Im Jahr darauf hat sich die ganze Sache sogar wiederholt. Es wäre wahrscheinlich immer weiter passiert, wenn der Preis dann nicht endlich abgeschafft worden wäre.

Die Onkelz und Freiwild sind Bands, die auf eine recht ähnliche Weise funktionieren: Sie schwören ihre Fans auf eine gemeinsame Sache ein: «Wir sind die Außenseiter.» Sie sind aber keine Außenseiter mehr, wenn die so stattfinden wie heute.

Simon Zufällig war ich neulich auf einem Konzert von Andreas Gabalier, dem Schlagersänger, der jetzt politisch in die Kritik geraten ist und irgendeinen Preis nicht bekommen soll. Ich fand das einerseits musikalisch fürchterlich, andererseits aber auch soziologisch interessant, dass da einer mit Gesten und Texten auf der Bühne stand, als hätte sich in den letzten fünfzig Jahren die Gesellschaft nicht verändert. Die Frage ist ja, ob schnöde Massenkultur und moralische Korrektheit je zueinanderkommen werden. Vielleicht braucht eine Gesellschaft solche Ventile. Es gibt ja auch linke bis linksextreme Popmusik, die Aggressionen kanalisiert und bestimmten sozialen Gruppen zur Selbstvergewisserung dient.

Katharina Ein Preis ist aber immer eine Form institutioneller und öffentlicher Anerkennung. Und es ist schon richtig, dass die deutsche Öffentlichkeit aus historischer Verantwortung an manchen Stellen besonders sensibel ist.

Leander Wenn wir gerade bei den Preisen sind: Ich finde es interessant, dass es in Deutschland überhaupt so ein ausgeprägtes Preiswesen gibt. Angeblich hat Deutschland die meisten Literaturpreise unter allen Nationen auf der Welt. Es herrscht also ein starkes Bedürfnis, die Kultur staatlich oder institutionell festzuzurren. Das zeigt sich auch daran, dass das deutsche Theater das am stärksten subventionierte der Welt ist. Anerkennung verteilt der Staat oder die Institution.

Katharina Die Deutschen verstehen sich eben traditionell als Kulturnation und nicht so sehr als Willensnation ...

Simon Ich finde es grandios, dass unser Land so viel Geld für Kunst und Kultur ausgibt. Wir müssen dieses staatliche Fördersystem mit allen Mitteln verteidigen. Wenn man die Kultur oder die Kunst allein dem Markt überlassen würde, gäbe es auch kein 3Sat, kein randständiges Radioprogramm, kein Theater in Paderborn. Ästhetische Einwände dürfen nicht als Argument gegen die Subventionierung als solche verstanden werden. Die angebliche Kulturpolitik der AfD lautet ja auch: «Kürzen! Geld wegnehmen!» Das ist fahrlässig.

Quynh Trotzdem müsste man viel genauer hinsehen, wer aus welchen Gründen ausgezeichnet wird. Und wer vorab in die Jurys und Preiskommissionen einberufen wird. Diese ganzen Journalistenpreise haben ja gerade gezeigt, dass da etwas gehörig schiefläuft: Reportagen etwa brauchen einen ganz starken Entertainment-Effekt, um ausgezeichnet zu werden. Was sagt diese Entwicklung über die Leute aus, die auswählen, und was sagt sie über die Leute aus, die am Ende die Preise erhalten? Solche Fragen muss man sich beim Theater, beim Film und in der Kunst genauso stellen. Das Haus der Kunst ist ja auch ein wunderbares Beispiel. Seit Okwui Enwezor abgedankt hat, hat man das Gefühl, dass da eine Klüngelwirtschaft stattfindet, bei der sich Freunde gegenseitig die Posten zuschustern. Ähnliches gilt für die Vergabe von Buchpreisen, Nachwuchspreisen oder von was auch immer.

Simon Ja, da hast du sicher Recht. Nur leben Kunst, Pop, Theater eben nicht von solchen Preisen. Da mag die Auswahl noch so gerecht sein. Mich interessiert nur am Rande, was nach Meinung bestimmter Leute die zehn bemerkenswertesten Theater-Inszenierungen des letzten Jahres waren. Viel wichtiger ist doch, welche Auswirkungen eine so grundsätzliche Entwicklung wie der zunehmende Stadt-Land-Gegensatz auf die Kulturlandschaft in Deutschland hat. Immer mehr Theater müssen zusammengelegt werden, weil zu wenige Leute kommen. Dabei sind die großen Theatertraditionen oft in der Provinz entstanden. Peter Stein hat in Bremen angefangen, Frank Castorf kam ursprünglich aus einem kleinen Theater in Anklam. Wir brauchen eine Rückbesinnung auf solche Traditionen und müssen weg von dem gegenwärtigen Zug zum großspurig Globalisierten. Wir haben jetzt die Chance, Versuchslabore aufzurichten, gerade in kleinen und randständigen Regionen. Das Theater in Jena ist da ein gutes Beispiel. Man darf es nicht dabei belassen, über die politische Frage zu diskutieren, ob Ministerien oder andere Institutionen in die Provinz verlegt werden. Kulturförderung ist davon auch betroffen. Und wir selbst natürlich auch. Ich besuche für die Zeitung ja in der Regel auch immer nur die A-Bühnen in Hamburg, Wien, Berlin, München, Zürich... Wir müssen aber auch wieder ein Gefühl für die Provinz entwickeln. Mit der dazugehörigen Irritation und Befremdung. Gute Kunst bestätigt ja nie das, was man sowieso schon fühlt.

Kellnerin Ihr wolltet noch was trinken?

(Lachen)

Ich nehme noch ein Pils.
Ich auch.
Kölsch.
Ich nehme einen Weißburgunder.
Kölsch bitte.
Ich nehme eine Grapefruitsaftschorle.
Ich würde einen Kräutertee nehmen.

Leander Vermisst ihr hierzulande nicht auch die Freude an der Pluralität? Jeder will in Deutschland seine Meinung sagen, ohne Widerspruch zu bekommen. Öffentlicher Streit gilt als Störung des gesellschaftlichen Equilibriums. Und permanente Harmonie ist der Wunschzustand.

Lukas Ich vermute, in dieser Runde sind wir uns da alle einig, oder? Man schaut auf diese Debatten, in denen es unheimlich schnell nicht mehr um das Argument, sondern um die Person geht, in denen es letztlich als ein Charakterdefizit gilt, die gegenteilige Position einzunehmen, und steht davor und denkt: Das kann es doch nicht sein. Ich fürchte, dass es sich dabei um eine bedenkliche Grundtendenz handelt: in der Art und Weise, wie heutzutage öffentliche Auseinandersetzungen geführt werden. In allen westlichen Demokratien.

Dann rief irgendwer: «Das ist doch ein gutes Schlusswort!» Die anderen äußerten Zustimmung, und alle Acht prosteten einander zu. Erleichtert und hungrig blätterten sie durch die Speisekarten, bestellten Roulade, Sülze, Königsberger Klopse. Sie redeten fortan durcheinander, aber das Gespräch über die Gegenwart riss nicht ab.

Seite 7, Seite 8 und Seite 10 des Einleitungskapitels «An der Isar» enthalten eine leichte Bearbeitung des ersten und zweiten Absatzes der Erzählung «Gladius Dei» von Thomas Mann, erschienen bei S. Fischer, in: Thomas Mann: Der Wille zum Glück und andere Erzählungen, Frankfurt 1991, S. 192 ff.

Einzelne Passagen des Beitrags «Theater» erschienen in gekürzter Form in der F.A.Z.

www.chbeck.de
Satz: C.H.Beck.Media.Solutions, Nördlingen
Druck und Bindung: GGP Media GmbH, Pößneck
Umschlaggestaltung: Geviert, Grafik & Typografie, Katharina Fußeder
Umschlagabbildung: Caspar David Friedrich «Der Watzmann» um 1825, Berlin, SMB, Nationalgalerie, © akg-images, kolorierter Ausschnitt
Gedruckt auf säurefreiem, alterungsbeständigem Papier (hergestellt aus chlorfrei gebleichtem Zellstoff)
Printed in Germany
978 3 406 73997 2

myclimate

klimaneutral produziert
www.chbeck.de/nachhaltig